novum pro

AF170578

SVENJA LUANA LEDERGERBER

Die Entdeckungsreise zu deinem Selbst

www.novumverlag.com

Bibliografische Information
der Deutschen Nationalbibliothek:

Die Deutsche Nationalbibliothek
verzeichnet diese Publikation in
der Deutschen Nationalbibliografie.
Detaillierte bibliografische Daten
sind im Internet über
http://www.d-nb.de abrufbar.

Alle Rechte der Verbreitung,
auch durch Film, Funk und Fernsehen,
fotomechanische Wiedergabe,
Tonträger, elektronische Datenträger
und auszugsweisen Nachdruck,
sind vorbehalten.

Gedruckt in der Europäischen Union
auf umweltfreundlichem, chlor- und
säurefrei gebleichtem Papier.

© 2023 novum Verlag

ISBN 978-3-99146-314-6
Lektorat: Eva Schirnhofer
Umschlagabbildung:
Tetiana Kreminska l Dreamstime.com
Umschlaggestaltung, Layout & Satz:
novum Verlag
Autorenfoto: Francesco Fiorini

www.novumverlag.com

Inhaltsverzeichnis

1 Warum ich dieses Buch schreibe
   und meine Geschichte 7
2 Du bist wertvoll und
   ein großes Geschenk für die Welt 10
3 Selbstliebe als Grundlage für ein erfülltes Leben 14
4 Deine Heimat in dir 18
5 Die Suche nach dem Sinn deiner Existenz 22
6 Vier hilfreiche Wegweiser 26
7 Leben oder leben lassen 29
8 Mit dem Leben und den Gefühlen mitgehen 32
9 Mein Verständnis von Spiritualität und
   die geistigen Gesetze als Begleiter 35
10 Verbindung von Körper, Geist und Seele –
    Grundlagen für ein ausgeglichenes und
    erfülltes Leben 39
11 Leben im Jetzt 42
12 Deine Beziehung – dein Spiegel 46
13 Liebe als Urkraft 50
14 Begegnung mit deiner wundervollen Innenwelt 52
15 Schülerin/Schüler des Lebens 55
16 Danke Leben, Universum 58

1 Warum ich dieses Buch schreibe und meine Geschichte

Hallo, du lieber Mensch, ich freue mich riesig, dass du mit mir auf Entdeckungsreise zu deinem Selbst kommst.

Ich bin Svenja Luana Ledergerber, eine Frau, eine Freundin, eine Tochter, eine Schwester, eine Lehrerin, eine Yogini, eine Sportlerin, etc. Bin ich das wirklich? Ach, keine Ahnung, wie soll ich mich beschreiben? Sind das nicht nur alles Rollen, die ich lebe?

Okay, neuer Versuch: Ich bin Svenja Luana Ledergerber, ein weibliches Wesen mit vielen unzähligen Visionen, Träumen und Erfahrungen. Mal bin ich wild und laut, mal leise und schüchtern, mal traurig und mal überglücklich – das alles bin ich.

Nun fragst du dich bestimmt, was ich mit dem sagen möchte und warum ich das hier schreibe. Mir scheint es als wichtig zu erkennen, dass wir Menschen alle sehr vielschichtig und nicht einfach nur die Mutter/der Vater, die Lehrerin/der Lehrer oder die Busfahrerin/der Busfahrer sind. Nein, in uns steckt sehr viel mehr.

Genau aus diesem Grunde möchte ich mich hier gar nicht so genau beschreiben, denn ich bin jeden Tag ein bisschen anders. Trotzdem möchte ich, dass du weißt, wie ich darauf gekommen bin, dieses Buch zu schreiben und warum ich hier meine ganz persönlichen Erkenntnisse über das Leben niedergeschrieben habe.

In meinem 27. Lebensjahr durfte ich eine transformierende Erfahrung erleben. Ich litt während mehrerer Monate unter einer depressiven Episode und erfuhr damals das erste Mal, wie es ist, nicht mehr auf der Welt leben zu wollen. Die Begegnung mit den dunkelsten und traurigsten Seiten in mir war sehr schmerzhaft und ich verlor mein ganzes Vertrauen in mich und das Leben. Tagtäglich wachte ich immer wieder mit dem altbekannten Schmerz auf, alles schien dunkel und ausweglos. Ein großer, staubiger und schwarzer Mantel stülpte sich über mich und mummte meine ganzen Träume, Lebensfreude, Energie, Leichtigkeit und Liebe ein und ließ allmählich alles ganz verschwinden. Ich erkannte mich nicht mehr wieder, stand neben mir und wusste nicht mehr, wer ich war. Vom Selbstmitleid überflutet versuchte ich immer wieder gegen die Krankheit anzukämpfen, irgendwie einen Weg da rauszufinden und zurück zu mir zu kommen. Dies jedoch alles erfolglos.

Die Selbststigmatisierung übernahm Überhand, ich fühlte mich immer nutzloser und wie eine unnötige Last für diese Welt. Ich betrachtete mich als die größte Verliererin, die nichts auf die Reihe kriegt und für nichts existierte. Jeden Tag erfuhr ich immer wieder aufs Neue, wie schwach ich war – nicht mal mehr aus dem Bett aufzustehen gelang mir, geschweige denn, eine Dusche zu nehmen. Die Appetitlosigkeit trat ein und ich verlor in kürzester Zeit viel Gewicht. Meine Liebsten begannen, sich große Sorgen zu machen, währenddem ich gar nicht richtig realisierte, was gerade mit mir passierte. Der Vorschlag, eine Psychiaterin/einen Psychiater zu konsultieren, klang für mich unnötig. Ich und eine Psychotherapie? Niemals! Als mir dann irgendwann klar wurde, dass ich es allein nicht aus dieser Misere schaffen werde, willigte ich ein und begann damit eine wertvolle Entdeckungsreise zu mir selbst.

Da sich mein Zustand immer mehr verschlechterte, entschied ich mich, einige Wochen in einer Klinik zu verbringen. Die Tagesstruktur und das professionelle Personal unterstützten mich enorm und trotzdem wurde mir schnell klar, dass die Heilung primär in mir selbst stattfinden musste. Wollte ich aus diesem Zustand herauswachsen, musste ich allein den Entscheid fällen, heilen zu wollen.

Nach einem langen Prozess, von totaler Gleichgültigkeit bis hin zu tiefen emotionalen Erfahrungen, war ich plötzlich bereit zu heilen und meinen Schattenthemen direkt in die Augen zu schauen. An diesem Punkt begann sich vieles zu wenden.

Das Aufgeben des Kampfes gegen mich und meine Erkrankung brachte mich zu einer tiefen Akzeptanz des Status quo.

Ich begann, mit all meinen Emotionen und Gegebenheiten mitzugehen, sie als Teil meiner selbst zu akzeptieren und sie wertfrei anzunehmen. Begleitet von professioneller Unterstützung auf mentaler und spiritueller Ebene und meinem Umfeld, begann ich, mich tiefer mit dem Leben auseinanderzusetzen und empfing somit immer tiefgründigere Erkenntnisse über unser menschliches Dasein.

Die Begegnung mit meinem wahren Selbst sprengte alle Rollen, die ich gelebt hatte, und brachte mich somit zur Erkenntnis, dass ich eben nicht einfach nur die Schwester, die Freundin oder die Lehrerin bin, sondern dass ich grenzenlos bin mit unzähligen Fähigkeiten, Visionen und Träumen. Dies wiederum veränderte meinen Blick auf meine Mitmenschen, die alle auch viel mehr sind, als sie es zu wissen glauben. Ich sah und spürte das riesige Potenzial in mir selbst und somit in allen Menschen um mich herum.

Mein tiefer Wunsch, den Menschen aufzuzeigen, dass in ihnen ein grenzenlos großes Potenzial steckt, dass das Universum voller Fülle ist und dass das Leben ein riesiges Geschenk darstellt, führte mich an den Punkt, dieses Buch zu schreiben und somit möglichst vielen Menschen auf der Herzensebene begegnen zu dürfen.

Nun wünsche ich dir von Herzen transformierende Erkenntnisse und viel Freude auf deiner ganz persönlichen Entdeckungsreise. Gerne kannst du während des Lesens immer mal wieder eine Pause einbauen und das Gelesene für dich in Ruhe nochmals durchgehen und wirken lassen. Falls du Lust hast, deine Gedanken festzuhalten, findest du am Ende des Buches leere Seiten dafür. Ich wünsche mir, dass du viele transformierende Schlüsse aus deiner ganz persönlichen Reise zu dir selbst ziehen kannst!

Der Inhalt dieses Buches basiert auf meinen eigenen Erfahrungen und Erkenntnissen und ersetzt nicht (wenn nötig) eine psychotherapeutische Unterstützung.

2 Du bist wertvoll und ein großes Geschenk für die Welt

Über Wochen machte ich die schlimme Erfahrung, mich wertlos zu fühlen. Diese Wertlosigkeit kam aus meinem Verstand und meinem Ego, die mir immer wieder in Form von Gedanken einredeten, ich hätte keine Fähigkeiten und sei überflüssig auf dieser Welt. Diese Gedanken wiederum kamen daher, dass ich zur Zeit der Erkrankung so erschöpft war, dass ich nichts mehr leisten konnte. Ich konnte keine Lehrerin, keine Freundin, keine Tochter, keine Sportlerin, usw. mehr sein. Wer bin ich denn, wenn ich nichts mehr leisten kann? Keiner Rolle konnte ich mehr entsprechen, ich war verloren auf der Suche nach meinem wahren Ich.

Mein Selbstbild wurde erschüttert und ich fühlte mich leer. Mir wurde bewusst, dass ich mein Leben lang in der Überzeugung gelebt habe, dass ich Leistung bringen muss – sei es im Berufs- oder im Privatleben – um geliebt und gesehen zu werden. Nur wenn ich leiste, liebt mich mein Umfeld, dieser Glaubenssatz begleitete mich und war in allem, das ich tat, sehr präsent. Somit machte ich meinen Wert abhängig von meinen Mitmenschen, ich lebte im Außen, stets auf der Suche nach Anerkennung, und verlor dabei mich selbst. Es ging so weit, dass ich meine Bedürfnisse fast nicht mehr spüren konnte, geschweige denn sie mitzuteilen. Ich passte mich allen an und ich ließ mein Leben primär von meinen Mitmenschen bestimmen. Ich wollte reinpassen, wollte den Erwartungen der Gesellschaft entsprechen und lechzte nach Anerkennung. Dies alles mit einem Ziel: gesehen und geliebt zu werden.

Hinter allem, was wir tun, steckt schlussendlich ein Gefühl, das wir fühlen möchten. Versuche, achtsam zu werden und dich stets zu fragen: „Warum tue ich dies gerade?" Ich bin mir sicher, du kommst immer zu einem bestimmten Gefühl, welches du anstrebst und hinter deiner Handlung steckt. Wir treiben Sport, um uns danach wohl und schön in unserem eigenen Körper zu fühlen. Wir helfen unseren Großeltern, um uns danach hilfsbereit zu fühlen. Wir treffen unsere Freunde, um uns dazugehörig zu fühlen, usw. Werde in deinem Alltag achtsam, halte stets kurz inne und frage dich, welches Gefühl gerade hinter deiner Handlung steckt. Machst du es, um jemandem zu gefallen und somit Anerkennung zu bekommen und folglich geliebt und gesehen zu werden – oder machst du es gerade, weil du tief in dir den Drang danach spürst? Sei stets ehrlich mit dir selbst und sei neugierig auf die Antworten, die kommen.

Hier treten die grundlegenden Fragen über deine großen Lebensentscheidungen ein. Setz dich hin und spüre in dich hinein. Gehe deine großen Lebensentscheidungen durch und überlege dir ganz genau, warum du dich für die einzelnen Dinge entschieden hast. Hiermit meine ich z. B. deine berufliche Entscheidung, deine Partner/-innenwahl, deinen Wohnort, etc. Frage dich, ob deine Entscheidungen zu 100 % deinem wahren Wesen entsprechen und inwiefern du die Entscheidungen getroffen hast, um der Gesellschaft oder deinen Liebsten gerecht zu werden. Sei auch hier immer ehrlich mit dir selbst und höre genau auf deine innere Stimme.

Wir alle kamen rein und verbunden zur Welt. Mit dem Aufwachsen wurden wir immer mehr konditioniert und geformt, damit wir in die Gesellschaft reinpassen. Somit gelangen wir stets weiter weg von unserer reinen und wahren Essenz. Wir haben gelernt, uns anzupassen, um geliebt zu werden. Unsere Urangst, nicht mehr mit den Nächsten verbunden zu sein, trat in den Vordergrund und wir taten alles, um die Trennung zu vermeiden. Diese Urangst steckt in uns allen, denn als wir von der Nabelschnur der Mutter getrennt wurden, erfuhren wir das erste Mal, wie es ist, nicht mehr verbunden zu sein. Um zu überleben, waren wir als Kinder abhängig von der Zuneigung,

Pflege und Liebe unserer nächsten Bezugspersonen. Somit haben wir gelernt, dass wir gefallen und geliebt werden müssen, um zu überleben.

Durch meine Erfahrung, nicht mehr leisten zu können und für niemanden mehr da sein zu können, habe ich gelernt, dass ich trotz meiner vermeintlichen Nutzlosigkeit bedingungslos geliebt werde. Meine Familie und meine Freundinnen und Freunde gaben mir fest zu spüren, dass sie mich auch ohne meine Leistungen lieben und stets für mich da sind. Diese Erkenntnis ist für mich eines der größten Geschenke, das ich durch meine Krise bekommen habe. Danke dafür – ihr wisst, wer ihr seid!

Ich durfte lernen, dass ich geliebt werde, indem ich einfach bin. Ich durfte lernen, dass ich keinen Erwartungen entsprechen muss, um geliebt zu werden. Ich durfte lernen, dass wir alle Menschen bereits ein riesiges Geschenk für die Welt sind, indem wir einfach existieren.

Mir ist es so wichtig, dass du dir dessen bewusst bist. Du bist wertvoll und bereits vollkommen geliebt, unabhängig von deinen Leistungen. Du bist ein enorm großes Geschenk für unsere Welt und wirst stets bedingungslos geliebt. Du musst gar nichts und darfst alles (solange du damit niemandem Schaden anrichtest).

Nur weil unsere Gesellschaft in vielen Teilen der Welt stark leistungsfokussiert ist, heißt es noch lange nicht, dass du es auch sein musst. Finde für dich deinen ganz persönlichen Weg und Platz in dieser leistungsgetriebenen Gesellschaft. Finde für dich heraus, wie du mit diesem Leistungsdruck umgehen möchtest und wie weit es in Ordnung für dich ist, in dieser Energie mitzuschwimmen. Das Leistungsdenken ist per se nichts Schlimmes, aber sobald es überhand nimmt und wir uns davon abhängig machen, kann es gefährlich werden. Ich habe es an meinem eigenen Leibe erfahren, wie es ist, von ihm getrieben zu werden. Meine Seele konnte das nicht mehr mitmachen und sorgte für eine Pause und somit für ein Aufwachen.

Ich wünsche mir, dass wir Menschen immer mal wieder innehalten und reflektieren, ob uns das kollektive Verhalten gerade dient oder nicht. Dient es uns nicht, wünsche ich mir, dass wir achtsam werden und unsere Grenzen spüren und kommunizieren können. Ich wünsche mir, dass es in unserer Gesellschaft mehr Verständnis dafür gibt, dass man irgendwann einfach mal nicht mehr kann und man eine Pause braucht. Ich wünsche mir, dass wir Menschen uns selbst als wichtigster Mensch in unserem Leben betrachten und auch so behandeln. Denn darin liegt der Ursprung für alles Schöne im Leben.

3 Selbstliebe als Grundlage für ein erfülltes Leben

Ich kann mir gut vorstellen, dass du beim Wort Selbstliebe direkt einmal die Nase rümpfst. Selbstliebe wird in unserer Gesellschaft oft dem Egoismus oder dem Narzissmus gleichgestellt. Das ist totaler Schwachsinn. Überleg mal: Wie kannst du jemand anderes ehrlich und tiefgründig lieben, wenn du nicht mal dich selbst lieben kannst? Wie kannst du Liebe für alle Menschen und dein Leben hier auf der Erde empfinden, wenn du die Liebe zu dir selbst nicht spürst?

Du hast bestimmt auch schon die Erfahrung gemacht, dass du die Liebe für die ganze Welt viel intensiver fühlst, wenn du mit dir im Reinen bist, dich liebst und akzeptierst. Hast du mal einen schlechten Tag, störst dich über dich selbst oder fühlst dich nicht im Frieden mit dir selbst, ist es direkt viel schwieriger, Liebe für andere zu empfinden. Die Liebe entsteht immer in deinem Inneren. Ist sie dort vorhanden, kannst du sie mit dem Außen teilen. Ist sie jedoch mit einem Schleier überdeckt, wird es schwierig, mit ihr in Kontakt zu treten und sie dann ins Außen tragen zu können.

Auch diese Erkenntnis durfte ich direkt aus meiner persönlichen Erfahrung ziehen. Während meiner Krise empfand ich keine Liebe für mich, eher eine Verachtung, die sogar Richtung Selbsthass ging. Basierend auf meiner mangelnden Selbstliebe konnte ich folglich auch keine Liebe mehr für meine Allerliebsten, geschweige denn für die wunderschöne Welt, auf der wir leben dürfen, spüren. Meine Beziehungen verloren in meiner verzerrten Wahrnehmung an Wert und ich betrachtete sie aus einer gleichgültigen Haltung. Ich konnte die wunderschöne Natur, die ich mein Leben lang bedingungslos geliebt habe, nicht mehr schätzen. Sie war natürlich präsent, ließ mich jedoch leer fühlen. Keinen Zugang mehr zu der Liebe in mir zu haben, war eine schockierende und sehr prägende Erfahrung. Ich nahm diesen Mangel zwar wahr, fand jedoch lange keinen Weg zurück zu meiner Selbstliebe und somit zur Liebe für andere und anderes.

Die mangelnde Selbstliebe ist eine trennende Emotion. Durch diesen Mangel wird man unfähig, in Beziehung zu treten und Liebe zu empfangen und zu geben. Die Absenz der Selbstliebe führt dazu, dass man nach der Liebe im Außen sucht und sich auch hier wieder nach Anerkennung sehnt. Die vermeintliche Annahme, sich durch die Aufmerksamkeit der Mitmenschen automatisch selbst lieben zu können, entspricht nicht der Realität. Der wahren Liebe kannst du erst begegnen, wenn du sie zuerst zu dir selbst spürst. Daher wünsche ich mir, dass wir Menschen beginnen, uns selbst ins Zentrum zu stellen und die Beziehung zu uns selbst als erste Priorität setzen. Würden wir Menschen alle eine liebevolle Beziehung zu uns selbst pflegen, gäbe es keinen Krieg, keine Ungerechtigkeiten, keine Gewalt. Wir wären somit in den verbindenden Gefühlen, wo diese vermeintliche Trennung irrelevant wird und schlussendlich vollkommen verschwindet.

Ist das alles nicht Grund genug, genau jetzt mit dem Aufbau deiner Selbstliebe zu starten? Werde achtsam und mache deine Augen auf. Nimm wahr, dass du einen wunderschönen Körper geschenkt bekommen hast, durch den du das Leben spüren und erkunden darfst. Werde dir bewusst, dass dein Körper einfach so für dich funktioniert, ohne dass du große Arbeit hast. Ein Wunder! Werde dir deinen Stärken bewusst, in dir steckt so viel Potenzial! Schau dich jeden Tag im Spiegel an und schenke dir ein Lächeln. Fokussiere dich täglich auf alles, was du an dir liebst, und feiere dich stets einfach nur für deine Existenz, unabhängig von dem, was du gerade geleistet hast. Beginne auch die Dinge an dir zu akzeptieren, die dich stören – die gehören ebenfalls zu dir und machen dich zu dem perfekten und einzigartigen Menschen, der du bereits bist. Beginne dich selbst als deine beste Freundin/deinen besten Freund zu betrachten. Pflege einen liebevollen Umgang mit dir selbst und begegne dir täglich mit viel Verständnis. Frage dich immer mal wieder: Würde ich so, wie ich mit mir umgehe, auch meiner Liebsten/meinem Liebsten begegnen? Ist das nicht der Fall, bitte ich dich, deine Beziehung zu dir selbst neu zu konstruieren und dir viel Liebe zu schenken.

Zur Selbstliebe gehören für mich die Selbstannahme und die Selbstfürsorge. Die Selbstannahme spiegelt sich in der Wahrnehmung deiner äußeren Erscheinungsmerkmale wie deinem Körper und deinem Aussehen und in der Annahme deiner einzigartigen, wunderschönen Innenwelt mit all deinen Stärken und Schwächen. Deine Innenwelt spiegelt sich wiederum in deinem Charakter, deinen Vorlieben und Abneigungen, deiner Weltansicht, deinen Visionen und Träumen, deinen Umgang mit den Mitmenschen und der Natur. Die Selbstfürsorge meint die Art und Weise, wie du mit dir selbst umgehst. Hier geht es vor allem um deinen Lebensstil, worauf ich an einem späteren Punkt des Buches genauer eingehe. Die persönliche Handhabung deiner Schattenseiten – die übrigens in allen von uns stecken – fließt für mich ebenfalls in die Thematik der Selbstfürsorge.

Außerdem spielt die Sprache, die du mit dir selbst sprichst, eine sehr zentrale Rolle. Werde auch hier achtsam und beobachte deinen inneren Monolog. Wir sprechen oft sehr negativ mit uns selbst und verletzten uns dabei, ohne dass wir es bemerken. Überlege stets, ob du auf die Art und Weise, wie du mit dir sprichst, auch mit einem geliebten Mitmenschen sprechen würdest. Ist dies nicht der Fall, lege ich dir ans Herz, deine Wortwahl und deine Formulierungen anzupassen und somit mit einem liebevollen Selbstgespräch zu beginnen.

Ich bin mir sicher, dass du schnell eine große Veränderung an deinem Lebensgefühl wahrnehmen wirst, wenn du deine Beziehung zu dir selbst zu pflegen beginnst. Bist du mit dir im Reinen, kann dich von außen so schnell nichts und niemand erschüttern, denn du hast ja dich – deine treue Begleiterin/deinen treuen Begleiter. Somit kannst du jederzeit auf deine wundervollen Ressourcen zurückgreifen und mit viel Leichtigkeit und Freude durchs Leben gehen. Du wirst spüren, wie dein Dasein für dich immer mehr an Wert bekommt und wie du beginnst, die kleinen Dinge im Alltag zu schätzen und zu zelebrieren. Du wirst die immer stärker werdende Liebe für deine Mitmenschen, die Natur und alle Lebewesen fühlen und somit dankbar durch dein Leben schweben. Deine Ausstrahlung wird anziehend wirken und du wirst alle Räume, die du betrittst, mit viel Licht und Liebe durchfluten. Das Wunderschöne daran ist, dass dein lichtvolles Auftreten ansteckend wirkt und du damit die Personen um dich herum positiv inspirieren kannst, einfach, indem du bist. Du wirst somit zur Botschafterin/zum Botschafter von Liebe, Licht und Leichtigkeit – genau das, was unsere Welt unbedingt braucht.

Also, los! Stell dich vor den Spiegel und schaue dir mit einem Blick voller Liebe tief in die Augen. Rufe alles in dir hervor, wofür du gerade dankbar bist, und zelebriere dein Dasein. Dein Leben ist ein riesiges Geschenk – beginne, es heute wertzuschätzen und zu feiern. Ich wünsche dir viel Freude und Liebe auf deiner ganz persönlichen Entdeckungsreise hin zu deiner Selbstliebe.

4 Deine Heimat in dir

Die Frage, was denn eigentlich wirklich Heimat sei und wie sich diese sogenannte Heimat anfühle, begleitete mich mein Leben lang. Durch meine Kindheit, die im Außen geprägt von wiederholendem Loslassen einer Heimat war, wurde ich immer wieder mit dieser Frage und für mich persönlich auch mit dieser Herausforderung konfrontiert. Ich musste lernen, Wurzeln zu schlagen, meinen Platz zu finden, um sie dann wieder loszulassen. Für mich im Nachhinein ganz klar ein weiterer Grund, warum ich die Anpassung vor meiner Krise zu meiner Lebensaufgabe gemacht habe.

Dadurch, dass ich mich örtlich nirgendwo richtig zu Hause gefühlt habe, sehnte ich mich ständig nach diesem Ankommen, Dazugehören und Wissen, wo mein Platz auf dieser Welt ist.

Diese Frage wurde in meiner depressiven Episode sehr präsent. Durch den Verlust des Bodens unter meinen Füßen drängte sich die Sehnsucht nach einem „nach Hause kommen" nochmals viel stärker auf. Ich begann, mich erneut stark auf die Suche nach meinem Ursprung zu machen. Ich sehnte mich nach Halt, wollte endlich ankommen und irgendwo dazugehören.

Nicht selten suchte ich in meinen Gedanken einen Ausweg, um endlich nach Hause gehen zu dürfen. Dieses für mich dazumal schreckliche Leben machte einfach keinen Sinn mehr und ich sehnte mich nach einem Ausweg, einer Lösung oder eben nach dem Ankommen.

Die emotionale und sehr intensive Auseinandersetzung mit der Thematik der Heimat brachte mich auf eine weitere sehr wertvolle Erkenntnis, die ich nun gerne mit dir teilen möchte.

Ich durfte lernen, dass die wahre Heimat in uns selbst liegt. Heimat ist nicht nur etwas, das man im Außen finden kann. Es ist nicht nur ein Ort, ein Mensch und irgendwelche Umstände. Heimat, so wie ich ihr begegnen durfte, ist primär ein wohliges und stimmiges Ankommen bei sich selbst. Sie verkörpert das Kennenlernen seiner innersten Wahrheit. Zur innersten Wahrheit gehört die bedingungslose Liebe, die wir alle sind und in uns tragen, die Seelen- oder Herzensaufgabe, die wir mit auf die Welt bekommen haben und die ganze Farbpalette an Emotionen und Gefühlen, die wir in uns tragen dürfen.

Die Begegnung mit meinem innersten Wesenskern fühlte sich wie das sehr lang ersehnte „nach Hause kommen" an. Es war ein Entdecken eines mir unbekannten Ortes, obwohl er immer bei mir war. Plötzlich begann ich, mich in mir und meinem Körper ganz still und zufrieden zu fühlen. Ich spürte eine Leichtigkeit, ein Urvertrauen und eine bedingungslose Liebe. Eine Zufriedenheit strömte durch meinen Körper, die Tränen kullerten voller Dankbarkeit und Freude über meine Wangen.

Das Treffen meiner wahren Essenz und somit das Finden meines Zuhauses spiegelte sich folglich im Außen. Plötzlich spürte ich, wie mich das Heimatgefühl zu begleiten begann und sich an verschiedensten Orten und Begegnungen zeigte. Diese wunderschöne und tief transformierende Begegnung und Erkenntnis ist ein weiteres wertvolles Geschenk, welches mir meine Krise gegeben hat. Dafür bin ich zutiefst dankbar!

Nun denkst du bestimmt, schön und gut, hat sie endlich ihre Heimat gefunden – aber wie kam sie an diesen Punkt? Diese Frage versuche ich dir nun zu beantworten.

Die ausschlaggebenden Faktoren, welche mich zu dieser Erkenntnis gebracht hatten, waren eine Vielzahl an verschiedensten Begegnungen, Therapien, Büchern, Meditationen, Achtsamkeitstrainings, Ausflügen in der Natur, Bewegung, ausgewogener Ernährung, genügend Schlaf, usw. Die Liste dieser Faktoren könnte ich unendlich weiterführen, darum geht es nun aber nicht. Es geht nämlich primär um die Gemeinsamkeit, die all diese Begebenheiten in sich tragen.

Dies ist die ehrliche Auseinandersetzung mit seinem Selbst, die Konfrontation mit seinen Schattenseiten, seinen Glaubenssätzen und vor allem mit seinen tiefsten Emotionen. Das ehrliche Hinschauen, Fühlen und Eintauchen in den Status quo. Die Hingabe und die Akzeptanz des jetzigen Moments ohne Wertung, einfach nur schlichte Betrachtung. Das Urvertrauen herbeiholen und einfach nur sein. Nichts müssen, alles, was kommt, empfangen und wertfrei annehmen.

Durch das Öffnen dieses Bewusstseins begegnen wir unserer inneren Stärke, unserer Schöpferkraft, unserer endlosen Liebe und unserem Licht, welches einfach nur leuchten möchte. Mit dem Licht meine ich unser einzigartiges Geschenk für diese Welt, welches aus der Quelle der Liebe entspringt und zu wirken wünscht.

Um diesen Tauchgang in die Tiefe deiner Selbst machen zu können, ist es von Vorteil, viel Ruhe zu kreieren. Ruhe im Sinne von ohne jegliche äußere Reize zu sein, einfach nur du mit dir. So wie ein erstes Date mit dir selbst. Du triffst dich beispielsweise auf einem Spaziergang im Wald und möchtest alles von dir erfahren. Du führst einen inneren Dialog und spürst einfach mal ganz bewusst in deinen Körper und fühlst hinein. Welche Gefühle sind gerade sehr ausgeprägt und warum?

Vielleicht setzt du dich auch einfach mal mit dir auf einen Sessel und lauschst in dich hinein, schließt die Augen und stellst dir Fragen. Oder du tauchst in eine Meditation und versuchst einfach mal zu sein. Im schlichten Sein spürst du dann vielleicht ein wohliges Gefühl oder, wie bei mir, ein Ankommen. Vielleicht spürst du nichts, auch dann hat es sich sehr gelohnt, da du dir einen Moment lang Ruhe geschenkt und dich von der Hektik des Alltags distanziert hast.

Es liegt in deiner Verantwortung, dir diese Ruhe und den Raum für deine ganz persönliche Auseinandersetzung und Begegnung mit deinem innersten Kern zu schaffen. Wie man das macht, ist höchst individuell. Man kann sich den Raum durchaus selbst erschaffen, man kann aber auch Unterstützung von außen in Form einer Therapie, eines Kurses, eines Buches oder eines Podcasts holen. Hier gibt es unzählige Möglichkeiten, wichtig ist, dass du deinen ganz persönlichen und für dich stimmigen Weg findest.

Mir ist es an diesem Punkt sehr wichtig, mitzuteilen, dass meine Erzählungen dich auf keine Art und Weise unter Druck setzen sollen oder dich gezwungen fühlen lassen sollen, dich nun mit dir auseinandersetzen zu müssen. Sie sollen lediglich Möglichkeiten aufzeigen, falls du den Ruf spürst, dich näher kennenlernen zu wollen oder, so wie ich, auf der Suche nach Heimat bist. Ebenfalls scheint es mir von Wichtigkeit zu erwähnen, dass es unzählige Wege gibt, sich selbst näher zu kommen.

5 Die Suche nach dem Sinn deiner Existenz

Bestimmt hast du dich auch schon mal gefragt, was eigentlich der Sinn deiner Existenz ist. Warum du auf diese Welt gekommen bist und woraus eigentlich deine Aufgabe auf diesem Planeten besteht. Ich habe mir diese Frage schon sehr oft gestellt und bin irgendwie nie auf eine passende Antwort gestoßen. Dies hat sich jedoch durch die Begegnung mit meinem wahren Selbst verändert. Folglich möchte ich dir meine Erkenntnisse und Antworten zu dieser Frage schildern. Vielleicht hast du ja bereits deinen Sinn gefunden, dann freue ich mich zutiefst für dich und bin gespannt, wie du dem Zweck deiner Existenz auf die Schliche gekommen bist.

Meiner tiefen Überzeugung nach kommt jeder Mensch mit einem einzigartigen, höchst individuellen und wundervollen Geschenk auf die Welt. Jeder Mensch hat ein oder mehrere ganz spezifische Talente, die sie/ihn von allen anderen auf dieser Welt unterscheidet. Für mich sehen diese Geschenke unterschiedlich aus und zeigen sich in diversen Facetten des Lebens. Eine Frau ist beispielsweise handwerklich begabt und stellt die schönsten Möbel her. Ein Mann kann Menschen mit seiner Sprache und seiner Empathie perfekt abholen und in ihnen ihr höchstes Potenzial herausfiltern. Eine weitere Person hat ein riesiges Talent im Umgang mit Kindern und lebt es aus, indem sie täglich mit jungen Menschen interagiert.

Dein ganz individuelles und einzigartiges Geschenk beschränkt sich nicht nur auf den Beruf, sondern kann in allen möglichen Lebensbereichen entdeckt und gelebt werden. In der Familie, in Freizeitbeschäftigungen oder bei freiwilliger Arbeit. Es gibt bestimmt viele Menschen, die ihr Geschenk bereits entdecken durften. Ich wünsche mir fest, dass diese Menschen den Mut haben, ihrer individuellen Begabung nachzugehen, sie in ihr tägliches Leben einzufügen und somit viele weitere Menschen damit inspirieren.

Jetzt denkst du sicher: Ja, hört sich alles schön und gut an, aber wie soll man seine Gabe entdecken? Auf diese Frage habe ich einige Denkanstöße zusammengestellt, die dir die Suche nach deiner einzigartigen Begabung erleichtern sollen. Dazu liste ich hier einige Fragen auf und bitte dich, diese in Ruhe durchzugehen und auf dich wirken zu lassen. Höre stets auf den ersten Impuls, welcher erscheint, wenn du die Frage gelesen hast. Der erste Impuls ist die Sprache deiner Intuition, auch Bauchgefühl genannt. Hier handelt es sich um die Herzens- und Seelensprache, welche sich losgelöst von Verstand und Ego meldet.

- Was hast du als Kind sehr gerne und sehr oft gemacht?
- In welchen Tätigkeiten verlierst du dein Zeit- und Raumgefühl?
- Worüber könntest du dich stundenlang unterhalten?
- Worin bist du stark, ohne großen Aufwand dafür zu betreiben?
- Womit beschäftigst du dich, wenn du dich im Flow fühlst?
- Und in welchem Themenbereich möchtest du dein Wissen stets vertiefen?

Notiere deine Antworten zu den Fragen und lese sie durch. Ich wünsche dir, dass du einige Hinweise auf deine Begabung gefunden hast und du die Kraft hast, sie in dein Leben zu integrieren.

Bei dieser Übung ist es sehr wichtig, dass du dich nicht von den Erwartungen deiner Liebsten oder der Gesellschaft einschränkst. Es kann durchaus sein, dass sich deine Antworten in einem ersten Schritt unlogisch anfühlen und dein Verstand sofort tausend Gründe findet, die dagegensprechen. Hier kommt deine Selbstliebe ins Spiel. Sei mutig und stehe zu deinen tiefsten Wahrheiten, Gefühlen und Visionen. Behandle sie wie einen Schatz, der nur dir gehört und den niemand verstehen muss. Es lohnt sich, diese Kostbarkeit ein Weilchen für dich zu behalten oder sie nur deinen allerliebsten Menschen zu erzählen. Gehst du direkt raus in die Welt mit deinen Träumen und Visionen, kann es gut sein, dass du schnell auf Widerspruch stößt und dich somit zu hinterfragen beginnst. Das wäre sehr schade und würde dich wiederum weiter weg von deiner wahren Essenz bringen.

Es ist gut möglich, wenn du mal deinem Geschenk begegnet bist, dass es sehr schwierig sein wird, es zu ignorieren und wegzustecken. Deine Seele ruft nach deinem ganz individuellen Weg, den du bei einer möglichen Entdeckung unbedingt gehen solltest, um ein erfülltes und zufriedenes Leben erfahren zu dürfen. Bist du nicht auf deinem Herzensweg und lebst an deiner Wahrheit vorbei, ist es möglich, dass sich deine Seele durch deinen Körper meldet. Gehst du deinen Herzensweg, steht deiner Erfüllung nichts mehr im Wege, auch wenn es manchmal schwierig sein kann.

Dies erzähle ich aus eigener Erfahrung. Ich bin heute der Überzeugung, dass ich vor meiner Depression nicht auf meinem komplett wahren Herzensweg war. Mein Ego und mein Verstand waren sehr dominant und überdeckten zum Teil meine Herzenssprache und somit meinen Seelenweg. Daher bin ich sehr dankbar für meine Erfahrung, die mich aus meinem Tiefschlaf aufgeweckt hat.

Zudem erachte ich die tägliche Achtsamkeit als wichtigstes Tool, um den Zweck deiner Existenz auffinden zu können. Das Universum schickt uns immer wieder Zeichen, die uns auf unseren Weg bringen. Diese Zeichen können in diversen Formen und Farben in Erscheinung treten. Gehen wir achtsam durch unser Leben, sind wir automatisch offen und empfänglich für die Hinweise. Neugierde, Offenheit und Vertrauen bilden die Grundsteine deiner Beziehung zu der höheren Kraft, dem Licht oder wie auch immer du es nennen möchtest.

Mir scheint es wichtig zu erwähnen, dass der Verstand und das Ego sehr wohl zentrale und essenzielle Bestandteile unseres Selbst sind. Wir brauchen sie, um überleben zu können. Wollen wir jedoch wachsen und uns in unserer Persönlichkeit entwickeln, müssen wir den Verstand und das Ego ein wenig zur Seite schieben. Sie sind hauptsächlich dazu da, unser Überleben sicherzustellen. Sie lieben die Komfortzone und möchten auf gar keinen Fall über diese Grenze hinauswachsen. Es ist durchaus möglich, dass sich dahinter eine Gefahr versteckt, die uns negativ beeinflussen könnte.

Hast du deine Seelenaufgabe und somit den Sinn deiner Existenz entdecken dürfen, wünsche ich dir viel Mut und Selbstvertrauen, diesen grenzenlos leben zu können. Ich wünsche dir, dass du locker mit deinen Visionen und Träumen umgehen kannst und du imstande bist, sie im Vertrauen auch immer mal wieder loslassen zu können. Es wird sich alles zum richtigen Zeitpunkt und wenn du bereit bist zeigen – dies unterliegt keinem Zweifel.

6 Vier hilfreiche Wegweiser

In meiner Krise bin ich irgendwann an einen Punkt gekommen, an dem ich gezwungen war, mich tiefer mit mir selbst und dem Leben auseinanderzusetzen. Ich hatte in mir zwei Möglichkeiten gespürt, entweder ich packe das Ganze an, schaue ehrlich hin und befasse mich intensiv mit meiner Persönlichkeit und dem Leben, oder ich gebe auf. Glücklicherweise habe ich mich für Ersteres entschieden, da ein Gefühl in mir aufkam, das mir ganz klar mitteilte, meine Aufgabe auf dieser Erde sei noch nicht vollbracht.

Also ging ich los und begab mich auf diese stark transformierende, spannende, wertvolle, aber auch sehr anstrengende Entdeckungsreise zu meinem Selbst. Der Heilungsprozess direkt nach der Krise war geprägt von sehr vielen Erkenntnissen, Aha-Erlebnissen und wertvollen Auseinandersetzungen mit meiner Persönlichkeit und dem Leben im Allgemeinen. Ich habe mich folglich irgendwann gefragt, wie ich mich in Zukunft in meinem Alltag an das wertvolle Wissen erinnern kann, sodass ich es wie einen Schatz bewahren darf und stets imstande bin, darauf zurückgreifen zu können.

Aus dieser Frage entstanden die folgenden vier hilfreichen Wegweiser, die mir tagtäglich dienen, mich wieder zurück zu mir und meinen wertvollen Erkenntnissen zu bringen.

1) Der erste Wegweiser ist die Tatsache, dass alle Entscheidungen, die wir in unserem Alltag fällen dürfen, aus der Quelle des Herzens und somit der Liebe gefällt werden sollen. Somit kannst du dir bei jeder kleinen, aber auch großen Entscheidung, folgende Fragen stellen:
    - Wie lässt mich die Entscheidung fühlen?

- Bringt diese Entscheidung mein Herz zum Singen, Tanzen und Hüpfen?
- Entspringt meine Entscheidung aus der Quelle meines Inneren oder aus einer äußeren Tatsache?

Wir dürfen uns bewusst sein, dass unser Herz immer die richtige Entscheidung für unseren persönlichen Weg trifft.

2) Der zweite Wegweiser befasst sich mit der Intuition, dem sogenannten Bauchgefühl. Unsere Intuition ist der Schlüssel zum Tor unserer Innenwelt und somit eine sehr wertvolle Ratgeberin. Die Intuition stammt aus der Quelle der bedingungslosen Liebe und schickt uns somit liebevolle und unterstützende Hinweise. Diese Nachrichten können in allen Formen und Farben auftreten. Sie kann sich in einem Geräusch, einem Geschmack, einem Bild, einem Gefühl, einer Begegnung, einem Zeitungsartikel, einem Gespräch, usw. bemerkbar machen. Zentral ist hier herauszufinden, auf welche Art und Weise deine ganz persönliche Intuition dir Zeichen schickt. Es ist von Vorteil, wenn wir ihr vertrauen und achtsam durch unser Leben gehen. Wir dürfen lernen, uns auf sie zu verlassen und ihrem Rat zu folgen, auch wenn ihre Ratschläge für unseren Verstand manchmal im ersten Moment unlogisch erscheinen.

3) Ein weiterer Wegweiser stellt das Bewusstsein unserer Schöpferkraft dar. Die Stärke, die wir alle in uns tragen, ist enorm groß und wertvoll. Wir dürfen lernen, diese Schöpferkraft raus in die Welt zu tragen. Wirst du von deinen Mitmenschen nicht wertgeschätzt, so schenke dir selbst diese Wertschätzung. Bist du der Meinung, du wirst nicht genug geliebt, so beginne, dich selbst zu lieben. All das, was du dir von deinem Umfeld oder von deinem Leben wünschst, kannst du dir jederzeit selbst schenken. Dieser Grundsatz ist sehr wertvoll und bringt uns alle weg von der Abhängigkeit des Außen hin zu den Geschenken im Inneren. Folglich wirst du merken, dass du die Wert-

schätzung oder die Liebe, welche du in dir trägst, automatisch nach außen strahlst. Du beginnst, dich, das Leben und deine Mitmenschen wahrhaftig zu sehen, sie wertzuschätzen und zu lieben. Dies wiederum wird direkt von deinem Außen gespiegelt und somit zu dir zurückfließen. Schenke dir also all das, was du dir von anderen Menschen oder von Lebensumständen wünschst und strahle deine Stärke, Wertschätzung und bedingungslose Liebe von innen nach außen.

4) Die Erkenntnis, dass wir nicht nur ein physisches Wesen sind, getrennt von allem um uns, sondern ein viel größeres, nämlich ein spirituelles Wesen, stellt den vierten Wegweiser dar. Wir haben alle mehr als fünf Sinne, nur sind unsere weiteren Sinne im Laufe des Lebens in den Hintergrund gerückt. Wir haben vergessen, dass wir alle eins sind und somit nicht getrennt voneinander existieren. Wir dürfen uns in Erinnerung rufen, dass nur drei bis zehn Prozent unseres Seins dem Bewusstsein zugeordnet sind und somit der große Rest im Unterbewusstsein abgespeichert ist. Alles, was wir je erlebt haben, ist in unserem riesigen Unterbewusstsein gespeichert. Dies hat einen enorm großen Einfluss auf alle Erlebnisse, Gefühle, Triggerpunkte, Entscheidungen, usw. im Jetzt. Dieser Grundsatz zeigt uns wiederum auf, wie viel verstecktes Potenzial in uns steckt und wie wenig wir bewusst über uns wissen. Daher macht es aus meinen Augen sehr viel Sinn, eine Reise in das Unterbewusstsein zu machen, um sich nochmals ein Stück näherzukommen und sich und seine Verhaltensweisen besser kennenlernen zu können.

Wie ich Spiritualität verstehe und wie ich sie in meinem Alltag lebe, erläutere ich im 9. Kapitel genauer. Bis dahin kannst du die Begrifflichkeit des spirituellen Wesens einfach mal so verstehen, dass es viel größer und stärker ist als ein von anderen getrenntes Individuum.

7 Leben oder leben lassen

Liebst du dein eigenes Leben so, wie es gerade ist? Kannst du jeden Tag aufstehen und dich auf alles, was kommt, freuen? Gibst du dir den Raum, genau so sein zu dürfen, wie du dich tief in deinem Inneren fühlst? Lebst du deine ganz eigene Wahrheit? Bist du in Frieden mit allem, was dir dein Leben jetzt gerade schenkt? Kennst du einen Weg, wie du mit den für dich unangenehmen Dingen des Lebens umgehen kannst?

Meines Erachtens sind diese Fragen und die dazugehörigen Antworten essenziell für ein erfülltes und zufriedenes Leben. Immer mal wieder einen Check-in zu machen und dich mit solchen Fragen wahrhaftig und ehrlich zu beschäftigen, stellt für mich die Grundlage eines selbstbestimmten Lebens dar.

Sind deine Antworten auf diese Fragen mehrheitlich negativ belastet, so ist jetzt der Zeitpunkt zu beginnen, sich mit dir selbst auseinanderzusetzen. Wir alle sind selbst verantwortlich für ein zufriedenes und erfülltes Leben. Die Übernahme der Selbstverantwortung deines Lebens schenkt dir viel Freiheit in der Gestaltung deines Daseins. „Love it, leave it or change it – liebe es, verlasse es oder verändere es" stellt für mich ein sehr wertvolles Mantra dar. Wenn du nun denkst, du könntest dies doch nicht einfach so umsetzen, dann sage ich dir jetzt: Doch, das kannst du! Deine Lebensgestaltung liegt in deinen Händen.

Klar haben wir nicht die Macht über alle Dinge, die uns im Leben begegnen, selbst zu bestimmen. Genau an diesem Punkt ist es wichtig, dir bewusst zu werden, dass die Power, wie du mit den Begebenheiten, die dir zustoßen, umgehst, ganz bei dir liegt. Hiermit meine ich nicht, dass du wie ein Einhorn durch die Gegend hüpfen sollst und alles, was kommt, einfach fröhlich annehmen musst. Ich meine damit viel mehr, dass du in die

Selbstverantwortung trittst und einen Weg findest, wie du mit den aufkommenden Emotionen umgehst.

Hier empfinde ich es als sehr wichtig zu erwähnen, dass wir allen Gefühlen Raum geben und sie durchfühlen sollen. Gefühle zu unterdrücken macht wenig Sinn, denn so werden sie nicht verarbeitet, irgendwo aufgestaut und zeigen sich schließlich plötzlich in einem Eklat oder in einer Manifestation in deinem Körper. Ist es für dich schwierig, einen für dich passenden Weg im Umgang mit Emotionen finden zu können, lege ich dir ans Herz, therapeutische Hilfe zu holen. Es gibt so viele tolle Menschen da draußen, die dich darin unterstützen können und dir wertvolle Tools an die Hand geben zu wissen. Glaube mir, ich durfte es erfahren.

Bist du der Meinung, dass du keine Kontrolle über dein eigenes Leben hast und dass alles, was dir zustößt, gegen dich ist? Dann teile ich dir jetzt liebevoll mit, dass du in einer Opferrolle lebst. Das hört sich nun vielleicht direkt ein wenig hart und herzlos an. Aber sei mal ganz ehrlich mit dir selbst. Ist diese Aussage nicht wahr? Das Schöne daran ist, dass wir jederzeit aus dieser Rolle aussteigen können. Wir dürfen lernen, dass wir selbst Schöpferin/Schöpfer unseres Lebens sind. Wir dürfen uns bewusst werden, dass wir grenzenlose Fähigkeiten besitzen und alles, was wir uns vorstellen können, auch manifestieren dürfen. Okay, plötzlich fliegen zu können, ist vielleicht ein wenig schwierig – aber hey, lass es mich wissen, wenn du es geschafft hast!

An diesem Punkt ist es natürlich von Vorteil, wenn du deine Bedürfnisse, Träume, Visionen und Wünsche kennst. Um deinen ganz eigenen Träumen zu begegnen, empfehle ich dir, dich immer mal wieder mit dir selbst zu beschäftigen und dich ehrlich mit dir auseinanderzusetzen. Gehe in die Natur, mache einen Spaziergang und denke über dein wunderschönes Leben nach. Meditiere und übe dich in Achtsamkeit. Mache immer mal wieder einen Check – in, indem du reflektierst, wie es dir gerade geht und welche Themen soeben präsent sind. Hole dir Unterstützung, wenn sich die Thematik gerade zu groß anfühlt, um sie alleine durchzustehen. Meiner Erfahrung nach macht es Sinn, diese Unterstützung nicht nur in deinem Umfeld zu besorgen, sondern auch mal mit jemandem Neutralen darüber zu sprechen. Da diese Menschen nicht emotional in deinen Themen involviert sind, eröffnen sich möglicherweise neue Sicht- und Vorgehensweisen.

Höre auf die Zeichen deines Körpers und gebe ihm das, wonach er gerade ruft. Werde dir bewusst, dass unser Körper mit uns spricht und uns klar signalisiert, was er gerade braucht oder eben nicht möchte. Versuche in deinem Alltag einen Weg zu finden, dich immer mal wieder kurz spüren zu können. Mache einen Body Scan, indem du deine einzelnen Körperteile kurz durchgehst und reinspürst, wie es ihnen soeben geht und was sie gerade brauchen könnten. Diese Vorgehensweise ist meiner Meinung nach die wichtigste gesundheitliche Prävention, die wir selbst tun können.

Löse dich von den Erwartungen der Gesellschaft. Gehe deinen ganz eigenen und authentischen Weg und sei offen für alles, was dir das Leben schenkt. Sei dir bewusst, dass dein Leben stets für dich ist. Alles, was du erfahren darfst, liegt in deinem höchstmöglichen Sinne und steuert dazu bei, dich vollumfänglich entwickeln und entfalten zu dürfen. Verbinde dich mit deinen tiefsten Wünschen und manifestiere alles, was deine Seele ersehnt.

Ich wünsche dir ganz viel Freude daran, deinen tief ersehnten Träumen und Visionen begegnen zu dürfen und dein Leben nach deinen Vorstellungen gestalten zu können.

8 Mit dem Leben und den Gefühlen mitgehen

Gegen Ende meiner Einleitung habe ich kurz erwähnt, dass an dem Punkt, als ich meinen Status quo akzeptierte, meinen Kampf gegen mich und gegen meine Krankheit aufgab und die schmerzhafte Situation als Teil meiner selbst akzeptierte, sich mein Zustand schlagartig zu verbessern begann. Dieser Wendepunkt und dieses Ereignis bedeuteten für mich eben genau Folgendes: „mit dem Leben mitzugehen".

Meiner persönlichen Erfahrung nach macht es keinen Sinn, sich gegen ein gegenwärtiges Geschehen oder Gefühl zu stellen. Das Verdrängen des derzeitigen Zustandes macht die ganze Situation nur schmerzhafter und auswegloser. Denn damit versuchst du, gegen etwas anzukämpfen, wogegen du sowieso keine Chance und keinen Erfolg haben wirst. Akzeptieren wir hingegen den gegenwärtigen Zustand und gehen mit den aufkommenden Gefühlen mit, löst sich das angebliche Problem von selbst. Du befindest dich damit in der Akzeptanz und bist bereit, allem, was kommt, Raum zu geben und dem Gesamten direkt in die Augen zu schauen. Nur durch diese Bereitschaft ist es überhaupt möglich, die Thematik vollständig anzugehen und schließlich auch einen für dich passenden Umgang finden zu können.

Mir ist bewusst, dass die meisten von uns der Meinung sind, es gäbe positive und negative Gefühle. Allen vermeintlich negativen Gefühlen, wie z. B. Trauer, Angst und Mutlosigkeit, versuchen wir ständig aus dem Weg zu gehen, um ihnen somit möglichst selten begegnen zu müssen. Die angeblich positiven Gefühle, wie z. B. Freude, Liebe und Leichtigkeit, streben wir stets an und wollen immer mehr von ihnen.

Unterliegen Gefühle überhaupt einer Wertung, sind sie nicht einfach neutral? Meiner Meinung nach sind Gefühle rein und kommen und gehen. Sie alle gehören zu unserer menschlichen Erfahrung und sind somit Teil von uns. Wir können einzig und allein bestimmen, welche Wertung wir ihnen geben wollen. Betrachten wir alle Gefühle als neutral, verlieren sie an ihrer Gewichtung und wir können sie somit wertfrei annehmen und mit ihnen gleichermaßen arbeiten.

Dazu kommt, dass für mich Gefühle Botschafter sind, die uns mitteilen und aufzeigen, was in unserem Inneren gerade vonstattengeht. Sie sind sehr wertvolle Zeichen, denen wir genug Raum und Zeit schenken sollten. Die Unterdrückung und das Wegschauen der Botschaften führen nur zu einem Aufstauen. Früher oder später könnte dein Fass überlaufen und alles könnte unkontrolliert aus dir heraussprudeln oder sich einen anderen Weg an die Oberfläche suchen. Hier kommen wieder die Achtsamkeit und das Leben im Jetzt ins Spiel, die sehr wertvolle Werkzeuge in der Wahrnehmung der Gefühle darstellen.

Die ehrliche und wahrhaftige Konfrontation mit den Gefühlen mag sich am Anfang als ein wenig unangenehm entpuppen. Wir treten aus unserer Komfortzone und schauen direkt in unsere Innenwelt. Übertrittst du jedoch einmal diese Grenze, wirst du realisieren, dass das Kennenlernen deiner ganz individuellen und wunderschönen Innenwelt neue Tore eröffnen kann. Du startest somit eine liebevolle Beziehung zu dir selbst, schenkst dir Aufmerksamkeit und möchtest dich ehrlich kennenlernen.

Die tiefe und aufrichtige Auseinandersetzung mit dir selbst unterstützt dich positiv im Umgang mit deinen Mitmenschen. Denn wenn du ganz bei dir bist, dich magst und dich gut kennst, kannst du verständnis- und liebevoll auf andere zugehen. Vielleicht hast du bereits die Erfahrung gemacht, dass dir die Außenwelt genau das spiegelt, was in deinem Inneren vonstattengeht. Fühlst du dich nahe bei dir und freust dich über dich selbst, ziehst du automatisch nährende Begegnungen in dein Leben. Geht es dir gerade nicht so gut, wirkst du auf deine Umwelt eher verschlossen und es wird schwieriger, in schöne Interaktionen zu treten. Dazu habe ich im Kapitel Selbstliebe tiefere Erkenntnisse erläutert.

Ich wünsche dir, dass du den Mut hast, dich wahrhaftig mit deinen Emotionen und Gefühlen auseinanderzusetzen und du somit eine neue Brücke zu dir selbst und deinen Mitmenschen bauen kannst. Auch hier empfehle ich dir – basierend auf meiner persönlichen Erfahrung – therapeutische Unterstützung zu holen, im Falle einer Überforderung. Denn startest du mit der tiefen Begegnung mit dir selbst, ist es möglich, dass aufgestaute Dinge an die Oberfläche treten, die du jahrelang unterdrückt hast. Nichtsdestotrotz lohnt es sich meiner Meinung nach enorm, dieses Tor zu öffnen und somit ein erfülltes und glückliches Dasein in dein Leben einzuladen.

9 Mein Verständnis von Spiritualität und die geistigen Gesetze als Begleiter

Nicht selten erlebe ich Menschen, die zum Begriff der Spiritualität ein sehr distanzierendes, wenn nicht sogar abweisendes Verhältnis pflegen. Spiritualität wird oft verpönt und in eine primär negative Schublade geschoben. Sie wird zum Teil als eine Art Religion oder Irrglaube betrachtet. Natürlich auch mit einer gewissen Berechtigung, da es doch auch Menschen auf der Erde gibt, die das Wort missbrauchen oder es als eine Art Heilversprechen ausnutzen.

Genau aus diesem Grunde möchte ich in diesem Kapitel mein persönliches Verständnis von Spiritualität preisgeben und erläutern, wie sie und die geistigen Gesetze mein Leben begleiten und bereichern.

Spiritualität ist für mich etwas Alltägliches. Sie beginnt beim ersten Gedanken, den wir beim Aufwachen kreieren und endet beim Hervorrufen von Dingen, für die man am erlebten Tag dankbar war, vor dem Einschlafen. Sie zeigt sich im Umgang mit der Kassiererin an der Kasse und in der Begegnung mit dem Arbeitskollegen. Die Spiritualität ist omnipräsent, sei es im Umgang mit anderen Menschen, mit Tieren, mit der Natur oder im Umgang mit dir selbst. Sie lebt in uns, formt uns und beeinflusst unsere täglichen Gedanken, Gefühle und somit Handlungen.

In meinen Augen ist das Ziel der Spiritualität, Harmonie im alltäglichen Leben zu kreieren. Dies bedeutet für mich das Finden seiner ganz eigenen Wahrheit in dem Ganzen. Bereit zu sein in sich einzufühlen, in sich hineinzuhören und sich ehrlich zu betrachten und folglich seine individuelle Wahrheit bewusst und achtsam zu leben. Seinem ganz persönlichen Herzensweg auf die Schliche zu kommen und diesen voller Liebe und nährender Absichten zu gehen, bildet die Grundlage meines Verständnisses von Spiritualität.

Sich immer wieder zu reflektieren und zu fragen, ob man auf dieser wunderschönen Erde seinen ganz eigenen Herzensweg geht, sein Feuer lebt, alle Gefühle zulässt und sich wirklich wahrhaftig kennt, ist für mich der Inbegriff der Spiritualität. Wie auch immer dies bei den verschiedensten Menschen aussieht, Hauptsache, wir alle folgen unserem Seelen-/Herzensweg und dies voller Überzeugung und Liebe.

Die sieben geistigen Gesetze erweisen sich für mich persönlich als sehr wegweisend und unterstützend. Sobald ich mich im Strudel meiner Gedanken verliere, rufe ich sie mir hervor, um folglich wieder in meine Mitte zu kommen und mir bewusst machen zu können, was meine Grundwerte sind. Aus diesem Grunde möchte ich mit dir in den folgenden Zeilen gerne meine Interpretation und meine Art und Weise, wie ich sie in mein Leben einfließen lasse, teilen.

Das erste Gesetz ist das Gesetz des reinen Potenzials. Es besagt, dass unser wahres Selbst bereits ein reines Potenzial ist. Die Quelle aller Schöpfung ist reines Bewusstsein und spiegelt sich in der Verwandlung vom Nichtmanifesten (z. B. ein Traum/ eine Vision) ins Manifeste (die eigentliche Umsetzung) wider. Durch das tägliche Meditieren, das Eintauchen in die Natur und die vorurteilslose Haltung gegenüber allem, was dir zustößt, geschieht die Integration des ersten Gesetzes.

Das zweite Gesetz befasst sich mit der Thematik des Gebens. Durch die Bereitschaft, das zu geben, was man selbst sucht, wird die Fülle des Universums (welche unendlich ist) durch das Leben strömen können. Egal wohin du gehst oder wem du begegnest, bringe ein Geschenk mit. Dies kann ein Kompliment, eine Blume oder auch einfach ein Lächeln sein. Empfange alle Geschenke des Lebens mit tiefer Dankbarkeit. Verpflichte dich, den Kreislauf der Fülle aufrechtzuhalten, indem du die kostbarsten Geschenke, nämlich die Zuwendung, die Wertschätzung und die Liebe, weitergibst und empfängst.

Im dritten Gesetz geht es um das „Karma", also um die Ursache und Wirkung. Bestimmt kennst du das Sprichwort: Wir ernten, was wir säen. Genau darum geht es in dem dritten Gesetz. Jede Handlung erzeugt Energie, welche uns folglich das Gleiche wiedergibt. Beobachte die Entscheidungen, die du fällst, und befasse dich mit deren Folgen. Frage dich, ob deine Entscheidung dir und den anderen Glück und Erfüllung bringen oder nicht. Verbinde dich bei deinen Entschlüssen stets mit deinem Herzen und höre genau auf seine Antwort. Fühlt sich die Entscheidung nicht gut an, gehe sie nochmals in Ruhe durch.

Das vierte Gesetz ist das Gesetz des geringsten Aufwandes. Beobachtest du die Natur, fällt dir eventuell auf, dass ihre Intelligenz mühelos, sorglos, harmonisch, liebevoll und mit viel Leichtigkeit funktioniert. Setzen wir unsere Kräfte der Harmonie, Freude und der Liebe ein, erzeugen wir automatisch, mühelos und mit Leichtigkeit Erfolg und Glück. Übe dich in Akzeptanz und sei dir bewusst, dass dieser Augenblick stets genau so ist, wie er sein soll. Übernehme ohne Schuldzuweisungen Verantwortung für deine Situationen und suche in jedem Problem die versteckte Gelegenheit. Bleibe für alle Standpunkte offen und klammere dich nicht starr an eine einzelne Sichtweise. Verspüre kein Bedürfnis, andere von deiner eigenen Meinung überzeugen zu wollen.

Im fünften Gesetz geht es um die Absicht und den Wunsch. In jeder Absicht und in jedem Wunsch liegt der Weg zu deren Erfüllung bereit. Erstelle eine Liste all deiner Wünsche und behalte sie stets bei dir. Schaue sie vor dem Meditieren, vor dem zu Bett gehen und vor dem Aufstehen an. Lasse deine Wünsche auch wieder los und überlasse dem Universum den Weg. Wenn es mal nicht genau nach deinen Wünschen läuft, freue dich darauf, dass das Universum für dich etwas viel Größeres plant, als dass du dir überhaupt vorstellen konntest. Sei mit all deinen Handlungen im gegenwärtigen Augenblick voll bewusst, akzeptiere die Gegenwart, so wie sie gerade ist, und präge deine Zukunft durch deine tiefsten und ersehnten Absichten und Wünsche.

Das sechste Gesetz diskutiert das Loslassen. Im Loslassen befreien wir uns von unserer Vergangenheit und von Bekanntem. Durch die Bereitschaft, ins Unbekannte zu treten, steigen wir in das Feld aller Möglichkeiten ein. Lasse heute los und gebe dir selbst und allen Menschen um dich herum die Freiheit, so zu sein, wie du bist und sie sind. Versuche, keine Lösungen zu erzwingen und beteilige dich an allem mit distanziertem Engagement. Akzeptiere die Unsicherheit als Grundelement deiner Erfahrung. Durch die Annahme der Unsicherheit erscheinen spontane Lösungen. Durch den Eintritt in das Feld aller Möglichkeiten wirst du der Fülle, dem Abenteuer, der Freude und der Liebe begegnen können. Sei offen für alles und denke grenzenlos!

Im siebten und somit letzten Gesetz geht es um den Sinn des Lebens. Wir alle haben eine ganz einzigartige Gabe, mit welcher wir andere beschenken können. Schaffen wir es, unsere Gabe mit dem Dienst an die Menschheit zu verbinden, haben wir das höchste Ziel unserer Seele erreicht. Drücke dein unverwechselbares Talent aus und setze es im Dienst der Menschheit ein, somit erzeugst du Wohlstand in deinem sowie im Leben anderer. Stelle dir täglich die Frage, wie du heute dienen und anderen helfen kannst. Die Antworten ermöglichen es dir, deinen Mitmenschen in Liebe zu begegnen und sie zu unterstützen.

Die Vorstellung, alle Menschen wären sich dieser Gesetze bewusst, lässt mein Herz voller Freude höherschlagen. Somit könnten wir gemeinsam ein erfülltes und glückliches Leben für alle Lebewesen auf unserer wunderschönen Erde erschaffen.

Das ist meine große Vision – erinnere dich: Denke groß und grenzenlos!

10 Verbindung von Körper, Geist und Seele – Grundlagen für ein ausgeglichenes und erfülltes Leben

Ich betrachte unser Dasein als ein Zusammenspiel zwischen Körper, Geist und Seele. Unser Körper zeigt sich in unserer physischen Existenz. Der Geist besteht meiner Meinung nach aus dem Verstand, dem Ego und unserer Psyche. Und die Seele spiegelt unsere Innenwelt und unsere ganz persönliche Entwicklung – welche wir während unseres Lebens machen dürfen – wider.

Im dritten Kapitel habe ich kurz die Selbstfürsorge erwähnt, welche ein Teil der Selbstliebe ist. Auf die Selbstfürsorge und wie wir das Zusammenspiel der drei Komponenten bestmöglich in unser Leben integrieren können, werde ich in diesem Kapitel näher eingehen.

Beginnen wir mit der ersten Ebene, dem Körper. Den Körper können wir als Hülle oder Tempel unserer Seele und unseres Geistes betrachten. Unser Körper ist ein sehr wertvolles Geschenk, womit wir die Welt erkunden, erfahren und spüren dürfen. Durch ihn können wir in Verbindung mit anderen Menschen, mit der Natur und mit Tieren treten. Damit es unserem Körper gut geht, gibt es einige grundlegende Dinge zu beachten. Eine ausgewogene Ernährung, tägliche Bewegung, erholsamer Schlaf und der tagtägliche Aufenthalt in der Natur stellen für mich die vier wichtigsten Grundlagen für einen gesunden und ausgeglichenen Körper dar. Diese vier Komponenten erachte ich als essenziell. Ich empfinde es als sehr wichtig, dass wir einen liebevollen Umgang mit unserem Körper pflegen, ihn wertschätzen und ihn lieben, wie er ist.

Der Geist möchte genährt und gefordert werden. Um das Bedürfnis des Geistes zu stillen, kann man sich beispielsweise stets neues Wissen aneignen, sich mit diversen Themen näher auseinandersetzten, neue Kulturen kennenlernen, offen sein für verschiedene Standpunkte, sich mit Menschen unterschiedlicher Herkunft unterhalten, usw. Der Geist stellt den rationalen Teil unserer Existenz dar.

Die Seele stelle ich mir als ein großes Lichtbündel vor. Sie schwirrt in uns herum und wirkt mal präsenter, mal weniger präsent. Für mich spiegelt sie unsere Innenwelt wider, welche mit unseren Empfindungen gekoppelt ist. Bestimmt kennst du den Ausdruck „Seelenbalsam". Im Volksmund wird eine Situation als Seelenbalsam gedeutet, wenn sie wohltuend wirkt. Um eine wertvolle Beziehung zu deiner Seele zu pflegen, kannst du dir Zeit und Ruhe für dich ganz allein schenken. Gönne dir ein Bad, eine Massage oder eine wohltuende Yogasession. Befasse dich mit ihr, indem du einen Check-in machst und dich ehrlich und wohlwollend mit deiner jetzigen Befindlichkeit auseinandersetzt. Für mich gehört zum Seelenbalsam auch ein tiefgründiges Gespräch mit meinen Liebsten oder diverse Abenteuer, die mein Herz zum Hüpfen bringen. Finde für dich persönlich heraus, wie du Seelenbalsam deuten möchtest und wie du ihn in dein Leben einladen kannst.

Diese drei Elemente sind nie voneinander getrennt, sondern stehen stets in einer Wechselwirkung. Geht es z. B. deiner Seele nicht gut, spiegelt sich das in deinem Körper. Fühlt sich dein Geist nicht genug genährt, ruft die Seele. Die Aufrechterhaltung der Balance zwischen den Dreien erachte ich als grundlegend für ein erfülltes und glückliches Leben.

Frage dich stets, ob deine Mitmenschen und deine Umgebung einen positiven Einfluss auf dein Dasein haben. Löse dich von jeglicher Negativität, die dich in deinem Wohlbefinden beeinträchtigen könnte. Bist du einem negativen Einfluss ausgesetzt, versuche einen für dich positiven Umgang mit der Situation zu finden. Grenze dich bewusst ab und sei nahe bei deinen ganz persönlichen Bedürfnissen und Empfindungen. Baue dir ein Umfeld und eine Umgebung auf, welche sich als nährend für deine ganz persönliche Weiterentwicklung erweist. Erinnere dich, du bist die Schöpferin/der Schöpfer deines eigenen Lebens. Die Verantwortung für dein Wohlbefinden liegt einzig und allein in deinen Händen.

Spürst du, dass dir ein Mensch, der dir mal nahestand, nicht mehr guttut – löse dich von ihm. Wir alle entwickeln uns ständig, was dem Fakt unterliegt, dass wir uns eben auch in verschiedene Richtungen entwickeln können. Es gibt Menschen, die begleiten uns einen Abschnitt auf unserem Lebensweg, damit wir etwas voneinander lernen können. Haben wir und das Gegenüber unsere Erkenntnisse aus der Beziehung gewonnen, kann es durchaus sein, dass sich unsere Wege auf eine natürliche Weise trennen. Hier tritt wiederum das Gesetz des Loslassens ein. Lasse liebevoll los, was dir nicht mehr dient, und sei in diesen Prozessen stets ehrlich mit dir selbst und dem Gegenüber.

An diesem Punkt erscheint es sich für mich als wichtig zu erwähnen, dass du deine ganz persönliche Interpretation der drei Ebenen finden sollst und dir deinen eigenen Weg schmieden musst, um deine Balance aufrechtzuhalten. Meine Erläuterungen entspringen meiner persönlichen Erfahrung und Handhabung, welche jedoch überhaupt nicht als einzige Wahrheit gedeutet werden soll.

11 Leben im Jetzt

Wie viele Gedanken an nur einem Tag verlierst du an die Vergangenheit oder an die Zukunft? Wie viele Sorgen machst du dir tagtäglich über das Kommende? Wie oft gehst du vergangene Situationen durch und identifizierst dich mit deinen ehemaligen Erfahrungen? Stelle dir diese Fragen ganz bewusst und beobachte für einen Tag lang mal all deine Gedanken ganz genau.

Der einzige Moment, den wir haben, ist immer nur das Jetzt. Gestern ist vorbei und morgen ist noch nicht da, also befinden wir uns stets im Jetzt. Hört sich logisch an. So einfach, wie es klingt, ist die Integration dessen in unser alltägliches Leben leider nicht immer.

Es macht überhaupt keinen Sinn, mit unseren Gedanken in der Vergangenheit hängen zu bleiben oder uns Bedenken über die Zukunft zu machen. Immer wenn wir mit unserem Verstand im Gestern oder im Morgen sind, verlieren wir das Wertvollste, nämlich den derzeitigen Augenblick.

Genauso sinnlos es ist, sich rund um die Uhr mit der Vergangenheit oder mit der Zukunft zu beschäftigen, ist es, gegen den jetzigen Moment anzukämpfen. Hier erweist sich wieder mein Lieblingssprichwort als passend: Love it, change it or leave it. Da der einzige Moment, den wir haben, stets die Gegenwärtigkeit ist, empfinde ich als unumgänglich, den derzeitigen Augenblick stets so einzurichten, dass er für dich passt und sich für dich stimmig anfühlt. Sei dies auf der Arbeit, zu Hause oder in Gesellschaft. Erinnere dich: Was eine Situation mit dir macht, liegt voll und ganz in deiner Verantwortung. Grenze dich bewusst ab, betrachte einen herausfordernden Umstand als Lernfeld oder lasse los.

Ich ertappe mich selbst und meine Liebsten immer mal wieder mit folgender Aussage: Wenn ich XY habe, bin ich glücklich und zufrieden. Wenn ich meinen Traummann gefunden habe, bin ich zufrieden. Wenn ich mein Haus am See gekauft habe, bin ich glücklich. Weißt du was? Wenn du mit dieser Einstellung durch dein Leben gehst, wirst du dein Leben lang dem Glück nachrennen und somit dein eigentliches, wunderschönes Dasein total verpassen. Gelingt es dir im Jetzt nicht, mit all dem, was dich umgibt, glücklich und zufrieden zu sein, wird es dir auch nie gelingen, wenn du all deine Träume erfüllen konntest. Schaffst du es jedoch, den derzeitigen Augenblick voll und ganz zu lieben und zu genießen, spielt die Verwirklichung deiner Träume keine allzu große Rolle mehr.

Übe dich hier in Dankbarkeit. Sei dankbar für alles, was du bereits hast und was dich umgibt. Finde Dankbarkeit in den kleinen Dingen. Nenne dir selbst jeden Abend vor dem Zubettgehen drei Dinge, wofür du in diesem Moment gerade dankbar bist.

Warte nicht auf den perfekten Moment, endlich mit dem Leben beginnen zu können. Starte genau jetzt, indem du ganz präsent diesen Augenblick wahrnimmst und schätzt. Nur schon, dass du ein Leben auf dieser wundervollen Welt geschenkt bekommen hast, ist Grund genug, tiefe Dankbarkeit verspüren zu können. Löse dich von deiner Vergangenheit und starte jeden Tag ein neues kleines Leben. Es ist nie zu spät, dein ganz eigenes Lebensbuch so zu verfassen, wie du es dir wünschst.

Wenn ich schreibe, dass die Gedanken an die Zukunft dich vom jetzigen Augenblick ablenken und total sinnlos sind, dann meine ich damit nicht, dass du keine Ziele und Visionen für deine kommende Zeit haben sollst. Ziele, Träume und Visionen für die Zukunft sind wunderschön und dienen uns als Antreiber weiterzukommen. Hier ist es meiner Meinung nach einfach sehr wichtig, dass du dich nicht zu fest mit deinen Zukunftsplänen identifizierst, sondern sie auch wieder loslassen kannst und deine Zufriedenheit nicht von ihnen abhängig machst. Ich empfinde es als sehr hilfreich, mir immer wieder bewusst zu machen, dass der Weg das Ziel ist. Somit kannst du deinen Weg ganz bewusst und stets im derzeitigen Augenblick voller Liebe und Zufriedenheit gehen.

Nun denkst du bestimmt, hört sich alles schön und gut an, aber wie setze ich das im Alltag um? Hier kann ich dir einfach von meinen persönlichen Erfahrungen berichten, die mich im Leben im Jetzt unterstützen. Das Meditieren ist für mich das beste Werkzeug, den Sein-Zustand zu üben und zu praktizieren. Während einer Meditation macht man nichts anderes als einfach sein. Bin ich im Wald oder sonst irgendwo in der Natur unterwegs, beobachte ich unsere magische Umwelt ganz genau, lausche und betrachte die Wunder unserer Erde. Trete ich in eine Interaktion mit einem Mitmenschen, setzte ich mir vorher die Intention, ganz bei dem Gegenüber zu sein, ihr/ihm bewusst zuzuhören und verstehen zu wollen, was das Gegenüber mir gerade berichtet. Beim Kochen versuche ich stets ganz bewusst die Zwiebeln und das Gemüse zu schnippeln und beim Essen versuche ich die Nahrung bewusst zu schmecken und zu genießen. Treibe ich Sport oder bin in Bewegung, versuche ich meinen Körper genau wahrzunehmen und zu spüren, wie es ihm gerade geht und was er brauchen könnte.

Grundsätzlich bedeutet all das, stets ganz achtsam und bewusst im derzeitigen Moment zu sein und mit allen Sinnen totale Präsenz zu leben. Kommt ein Gedanke, der signalisiert, was du noch alles erledigen solltest, kannst du ihn liebevoll zur Seite schieben und dich dann darum kümmern, wenn es sich stimmig anfühlt. Alles, was zählt, ist achtsam und voller Bewusstsein im Hier und Jetzt zu sein und dabei Dankbarkeit für alles, was ist, zu empfinden.

Der Verstand, der Geist und das Ego leben fest in der Vergangenheit oder in der Zukunft. Sie lenken uns oft vom Jetzt ab und wollen unsere Ruhe stören. Das simple Sein können wir jedoch nur leben, wenn wir uns des Verstandes bewusst sind und uns nicht mit ihm identifizieren. Indem wir uns von unserem Ego distanzieren, können wir einfach nur sein und somit den Weg in Frieden zur vollständigen Freiheit gehen. Dies bedeutet natürlich nicht, dass der Verstand, der Geist und das Ego schlecht sind, sondern dass wir lernen müssen, einen für uns stimmigen Umgang mit letzteren finden zu können.

Ich wünsche mir zutiefst, dass du erkennen kannst, wie powervoll das Leben im Jetzt ist und wie viel Kraft du aus ihm schöpfen darfst.

12 Deine Beziehung – dein Spiegel

An meinem Tiefpunkt war ich total unfähig, in Beziehung mit anderen Menschen zu treten. Ich verspürte keine Nähe, keine Liebe und kein Bedürfnis, mit irgendjemandem Kontakt aufzunehmen. Alle meine Beziehungen, sei es zu meinem Partner, zu meiner Familie oder zu meinen Freunden stellten in meiner verzerrten Wahrnehmung mehr eine Belastung als eine Entlastung dar. Jeder Kontakt war für mich mit viel Aufwand und Energie verbunden und fühlte sich total leer an. Ich konnte damals dieses verzweifelte und komplett leere Beziehungsgefühl nicht einordnen. Heute weiß ich, dass die Beziehungen zu meinen Liebsten schlichtweg Spiegel meiner Innenwelt waren.

Trotz dessen, dass ich während meinem Leiden nicht in Beziehung treten konnte, ist für mich heute klar, dass meine Liebsten eine sehr große Rolle in meinem Heilungsprozess spielten. Spannend erwies sich für mich, wie ich parallel zu meiner inneren Heilung die Beziehung zu meinen Liebsten wieder zu spüren begann. Von einem Moment auf den anderen verspürte ich wieder tiefe Liebe und große Dankbarkeit für die wundervollen Menschen, die mich auf meinem Lebensweg begleiten.

Diese Erfahrung bereicherte meinen Rucksack an neuen Erkenntnissen nochmals um ein Vielfaches. Mir wurde damit bewusst, dass unsere Beziehungen einfach nur Spiegel unserer Innenwelt sind. Folglich werde ich am Beispiel der Liebesbeziehung zu einer Partnerin/einem Partner näher erklären, was dieser Spiegel mit sich bringt und wie wir mit dieser Erkenntnis lernen dürfen, nochmals tiefer in unsere Innenwelt und somit tiefer in Beziehungen einzutauchen.

Eine Liebesbeziehung wird meiner Meinung nach bei einem großen Teil der Menschheit als eine Art Lückenfüller betrachtet. Wir suchen den idealen Partner/die ideale Partnerin, finden ihn/sie und schweben zunächst auf Wolke sieben. Endlich hat die Suche ein Ende und man fühlt sich, als sei man angekommen. Das Gegenüber gibt dir gute Gefühle, indem es dir viel Liebe, Aufmerksamkeit und Bewunderung schenkt, was wiederum unseren Selbstwert nährt und steigert. Dadurch geraten wir sehr schnell und unbewusst in eine Abhängigkeit. Nur wenn der Liebling in der Nähe ist, fühlt man sich komplett und man möchte immer mehr davon.

Wie bei allem – wir alle kennen das – tritt mit der Zeit der Beziehung Alltägliches und Routine ein und man begegnet den Schattenseiten des Gegenübers. Nicht selten ergeben sich daraus Streitereien und Unstimmigkeiten. Man fühlt sich plötzlich unverstanden, ungeliebt oder nicht komplett gesehen. Steckt man nun in der Abhängigkeit zum Gegenüber, ist es gut möglich, dass kurz mal eine Welt zusammenbricht. Oft versuchen wir dann, unseren Partner/unsere Partnerin zu verändern und geben ihm/ihr die Schuld daran, dass die Beziehung nicht harmonisch sei oder Ähnliches.

Anstatt alles zu versuchen, um beim Gegenüber etwas zu ändern oder anzupassen, können wir den Blick einfach auf uns richten und uns fragen, was dieser Streit oder diese Unstimmigkeit mit einem selbst zu tun hat. Denn die allermeisten (wenn nicht alle) Schwierigkeiten in einer Beziehung stehen in direkter Verbindung mit unseren ganz eigenen Verhaltensmustern und in der Beziehung zu uns selbst. Beginnt deine Beziehung also zu hapern oder geht eine Tür, die du dir wünschst, nicht auf, öffne eine Tür in deinem Inneren und werde dir bewusst, dass es einen Teil in dir gibt, den du noch nicht berührt hast.

Lasse die Beziehung für einen Moment so sein, wie sie ist, und wende deinen Fokus liebevoll auf dich selbst. Werde dir bewusst, dass du dazu ausgelegt bist, in deiner Beziehung zu blühen und dass du selbst dafür (nicht dein Gegenüber!) verantwortlich bist. Stelle deine Beziehung zu dir selbst in den

Mittelpunkt und beginne herauszufinden, was du brauchst, um aufblühen zu können.

Lasse deinen Partner/deine Partnerin liebevoll los und kehre zurück zu dir. Ordne die Beziehung zu deinem Liebling unter die Beziehung zu dir selbst ein. Frage dich ehrlich, was in dir fehlt und nicht, was in der Beziehung oder dem Gegenüber fehlt. Kümmere dich primär um dich selbst und erschaffe dir Umstände, in denen du aufblühen kannst. Erst wenn du selbst bei dir aufgeräumt hast und zu blühen beginnst, kann deine Beziehung auch wieder aufblühen. Wie sollst du für jemanden sorgen, wenn du dich nicht um dich sorgen kannst?

Das Aufblühen stellt ein Wachstumsprozess in dir dar. Beginnst du aufzublühen, lernst du dich kennen und spürst somit sofort, wenn etwas nicht passt und wiederum lernst du folglich, weiter aufzublühen. Durch dein Blühen inspirierst du automatisch deinen Partner/deine Partnerin, ebenfalls aufzublühen. Falls du Kinder hast, lernen sie an deinem Beispiel, eine gesunde Beziehung zu sich selbst aufzubauen.

Gehe auf Abenteuerreise mit dir selbst, lerne, in deine Tiefe zu tauchen, lerne offen für dein persönliches Wachstum zu sein und lerne deine Schattenseiten wertfrei kennen. Sei dir wieder mal bewusst, dass du Schöpferin/Schöpfer deines Lebens bist und kreiere deine Wunschbeziehung zuerst in dir und dann geschieht dies automatisch mit deinem Liebling. Lasse deinen Partner/deine Partnerin so sein, wie er/sie ist und fokussiere dich nur auf dein persönliches Aufblühen. Dadurch verändert sich vieles in deiner Liebesbeziehung.

Wir dürfen uns bewusst werden, dass jeder Mensch, dem wir begegnen, Verletzungen in sich trägt und seinen eigenen Rucksack mit seiner Geschichte trägt. Aus diesem Grund dürfen wir lernen, unsere Partnerin/unser Partner dort zu lassen, wo sie/er gerade steht und sie/ihn so anzunehmen, wie sie/er gerade ist. Kommt ein Streit, der sich ständig wiederholt, auf, dürfen wir üben, aus dem Konflikt auszusteigen und zur Ruhe zu finden. Den Moment einfach mal so stehen zu lassen, einen Schritt zurückzutreten und diesen Pfad nicht zu nähren. Trotz dessen sollten wir uns nicht abtrennen von den aufkommenden Gefühlen, sondern uns damit befassen und uns selbst fragen, warum genau diese Emotionen gerade aufkommen. Finde heraus, was es in diesem Konflikt bei dir selbst noch zu heilen gibt.

Erschaffe also aktiv in dir Liebe, löse dich möglichst von äußeren Einflüssen, werde nicht davon abhängig, was dir dein Gegenüber gibt oder eben nicht gibt. Bringe die Liebe eigenständig in deine Partnerschaft und warte nicht darauf, bis dir dein Partner/deine Partnerin dir deine ersehnte Liebe gibt.

Mir ist bewusst, dass das Pflegen von Liebesbeziehungen eine hohe Kunst ist und dass eine Beziehung manchmal eine sehr große Herausforderung darstellen kann. Woher sollten wir nur die Grundkenntnisse der Pflege einer Beziehung gelernt haben, wenn nicht in der Kindheit? Nichtsdestotrotz ist es das wohl Schönste, das wir Menschen erleben dürfen und daher lohnt es sich aus meiner Sicht, bei dieser Thematik näher hinzuschauen und daran zu arbeiten.

13 Liebe als Urkraft

In der Liebe liegt die gesamte Quelle der Schöpfung. Aus der Liebe können die allerschönsten Dinge entstehen und die Liebe ist der Ursprung alles Existierenden. Die Liebe ist die größte Kraft und durch sie kann Magisches entstehen, in ihr steckt die kraftvollste Energie.

Wir alle sehnen uns danach, geliebt zu werden und lieben zu können. Wie bereits zuvor erwähnt steckt hinter unseren Handlungen stets ein Gefühl als Ziel. Überleg dir mal, wozu du Dinge tust, und suche deren Hauptantrieb. Ich persönlich komme schlussendlich immer wieder zurück zur Liebe, in ihren verschiedensten Formen. Die Liebe ist für uns alle überlebenswichtig, ohne sie würden wir zerbrechen. Aus meiner eigenen Erfahrung kann ich heute ganz klar sagen, dass das Leben ohne sie einfach nur schrecklich ist.

Das Wort Liebe ist ein sehr großer und umfangreicher Begriff. Ihr unterliegt ein enormes Spektrum und somit auch ganz verschiedene Arten, wie sie sich wiederspiegelt. Es gibt beispielsweise die Mutterliebe, die Partnerliebe, die Selbstliebe, die Liebe für die Natur, die Liebe für Tiere, die Geschwisterliebe etc. Die Liebe ist schwankend und fühlt sich immer mal wieder anders an. Mal ist sie total präsent und man zerplatzt fast an ihr und mal ist sie ganz klein und wir müssen sie bewusst hervorrufen. Diese Schwankungen sind meines Empfindens stark davon abhängig, wie wir uns persönlich gerade fühlen.

„Learning to love yourself is the greatest love of all" – zu lernen, sich selbst lieben zu können, ist die stärkste Form der Liebe. Diesen Spruch habe ich bereits als Kind auf kleine Zettelchen geschrieben und sie meiner Familie verteilt. Meine Mama besitzt diese Erinnerung noch heute in ihrem Geldbeutel. Auch hier kommen wir wieder zurück zur Selbstliebe, die die Grundlage der Nächstenliebe darstellt.

Alles, was wir lieben, behandeln wir ganz selbstverständlich mit viel Respekt und Verständnis. Unsere Geliebten und unser Geliebtes möchten wir pflegen, nähren und aufrechterhalten. Wir möchten Sorge tragen und begegnen dem mit viel Feingefühl. Durch diesen sehr wertvollen Umgang können wunderschöne und tiefe Beziehungen und Verbindungen entstehen. Diese verbindenden Umgangsweisen schaffen Nähe, Toleranz und bedingungslose Liebe.

Während Liebe eine verbindende Emotion darstellt und somit schöpferisch wirkt, stellt Hass ein trennendes Gefühl dar. Hass schafft viel Distanz, Missverständnis und Neid. Er ist zerstörerisch und sehr ungesund. Der Hass entsteht aus Angst und spiegelt eine tiefe Unsicherheit wider. Die Angst wiederum ist einer der schlimmsten Begleiter in unserer persönlichen Weiterentwicklung.

Ich wünsche mir, dass wir es schaffen, die Angst durch die Liebe zu ersetzen. Ich wünsche mir zutiefst, dass wir bedingungslose Liebe füreinander empfinden können und somit alle gemeinsam Großes erschaffen dürfen. Ich wünsche mir zutiefst, dass wir alle die Natur zu lieben beginnen und mit ihr somit respekt- und liebevoll umgehen. Ich wünsche mir, dass wir unsere Erde als Wunder betrachten können und ihr das geben lernen, was sie uns schenkt, nämlich bedingungslose Liebe.

Würden wir gemeinsam all das erreichen, gäbe es keinen Platz für Krieg, Ungerechtigkeiten, Intoleranz und Umweltverschmutzung. Wir alle sind eins, bitte werde dir dessen bewusst.

Danke für dein Verständnis und deinen Beitrag für unsere Existenz.

14 Begegnung mit deiner wundervollen Innenwelt

In diesem Kapitel möchte ich mit dir meine wertvollste Erkenntnis meiner ganz persönlichen Krise und Erfahrung teilen. Folgend werde ich dir die Wichtigkeit der Auseinandersetzung mit deiner individuellen und wunderschönen Innenwelt erläutern.

Ich durfte lernen und erfahren, dass der Blick nach innen das wohl wertvollste Werkzeug für ein erfülltes und zufriedenes Leben darstellt. Realisieren wir einst, wie kraftvoll es ist, sich mit seiner Innenwelt wahrhaftig und liebevoll auseinanderzusetzen, zeigen sich im Außen automatisch ganz viele Wunder. Wir alle kennen das Sprichwort: Wie man in den Wald hineinruft, so schallt es heraus. Vielleicht hilft dir dieses Sprichwort, den Zugang zur Thematik tiefer zu erkennen.

Strahlst du Zufriedenheit, Ruhe, Liebe und Freude aus, ziehst du die erwähnten Seins-Zustände ganz natürlich an. Lächelst du eine Person auf der Straße an, entgegnet sie dein Lachen direkt. Strahlst du jedoch Unzufriedenheit, Unruhe, Angst und Trauer aus, werden dir die genannten begegnen. Dein Gegenüber spiegelt dir also genau das, wie du auf sie/ihn triffst. Das kannst du ganz einfach üben, indem du auf der Straße den Menschen ein Lächeln schenkst und beobachtest, was zurückkommt. Natürlich kann es sein, dass dein Lächeln mal nicht widergespiegelt wird, dann wünsche diesem Menschen viel Liebe und Zufriedenheit, denn es muss ihr/ihm gerade nicht gut gehen.

Durch die tiefe Auseinandersetzung mit mir selbst durfte ich erkennen, dass ich mein Leben lang meine Zufriedenheit und meine Selbstliebe von äußeren Umständen abhängig machte. Nur wenn ich Liebe und Anerkennung von außen erfahren durfte, erlaubte ich es mir, mich selbst gerne zu haben und anzuerkennen. War dies jedoch nicht der Fall, verfiel ich schnell in Selbstzweifel und Selbstverachtung. Somit begab ich mich in eine toxische Abhängigkeit mit der Außenwelt. Ich übergab meiner Umgebung die Macht zu bestimmen, wie ich mich gerade zu fühlen habe. Dementsprechend lechzte ich stets nach Anerkennung und Liebe von meinen Mitmenschen und vergaß mich selbst dabei komplett. Diese Art und Weise zu leben macht absolut keinen Sinn und geht für mich sogar Richtung Selbstverletzung. Vielleicht resoniert diese Aussage mit dir. Wenn dem so ist, ist es an der Zeit, dich mit dir selbst auseinanderzusetzen und dich selbst lieben zu lernen. Glaube mir, es lohnt sich!

An diesem Punkt fragst du dich bestimmt, wie du den Weg zu der Entdeckung deiner Innenwelt gestalten kannst. Folgend liste ich meine ganz persönliche Art und Weise auf, die überhaupt nicht dem einzig korrekten Weg entspricht. Hier ist es wieder wichtig, dass du deine eigene Herangehensweise entwickelst und kennenlernst. Trotzdem könnten dich einzelne meiner Punkte unterstützen, dies hoffe ich natürlich sehr.

Die Me-Time ist für mich die Grundlage und öffnet das Tor zu meiner Innenwelt. Diese gestalte ich ganz unterschiedlich, sei es mit einer Meditation, einem Bad, Journaling, einen Spaziergang im Wald, ein interessantes Buch lesen mit einer Tasse Tee, einen spannenden Podcast anhören, usw. Während der Me-Time ist es sehr wichtig, dass du ungestört sein kannst und dir somit Zeit allein schenken darfst. Als Hilfe kannst du die Me-Time bewusst in deine Woche einplanen.

Des Weiteren finde ich es wertvoll, sich Hilfe eines Therapeuten/einer Therapeutin, sei es einer Psychologin/eines Psychologen, einer Hypnosetherapeutin/eines Hypnosetherapeuten, einer Masseurin/eines Masseurs zu holen. Dadurch, dass du beispielsweise wöchentlich einen Termin bei einer Therapeutin/einem Therapeuten hast, bist du gezwungen, dir selbst wahrhaftig zu begegnen. Damit öffnen sich neue Türen und du darfst dich von neuen Blickwinkeln kennenlernen.

Außerdem empfinde ich Kurse oder Bücher zur Persönlichkeitsentwicklung sehr wertvoll. Durch die Arbeit mit deiner persönlichen Weiterentwicklung schenkst du dir Zeit und Aufmerksamkeit, kannst viele neue Dinge über dich selbst und dein Umfeld lernen und begegnest Werkzeugen, die du in deinem alltäglichen Leben einsetzen kannst. Die Auseinandersetzung mit Achtsamkeit erachte ich ebenso als sehr zentral. Dies kann in Form eines Kurses, von Seminaren oder Büchern sein. Dazu gibt es auch wundervolle Angebote im Internet, die du gemütlich von deinem Sofa aus machen kannst.

Anstatt einen Film oder eine Serie auf Netflix zu schauen, könntest du deine wertvolle und limitierte Zeit auch in deine persönliche Weiterentwicklung investieren. Verstehe mich nicht falsch, auch ich liebe es, hin und wieder Netflix zu schauen und empfinde es zum Teil als erholsam, trotzdem ist mir die Balance wichtig.

Zu guter Letzt finde ich es wunderschön, sich mit Menschen zu verbinden, die auf dem gleichen Weg sind. Sich mit Personen auseinanderzusetzen, die das gleiche Ziel verfolgen, nämlich die absolute Freiheit, Selbstliebe und Zufriedenheit, nehme ich als sehr wertvoll wahr. In diesen Kreisen bekommt man den Raum und die Möglichkeit, sich authentisch und wahrhaftig zu zeigen, man kann zusammen wachsen und einander auf den ganz individuellen Wegen liebevoll unterstützen und begleiten. Dort, wo Menschen mit dem gleichen Gedankengut zusammenkommen, kann Wunderschönes entstehen.

Ich wünsche dir von Herzen viel Spaß auf deiner ganz persönlichen Entdeckungsreise zu deiner kraftvollen Innenwelt. Ich freue mich jetzt schon mit dir über all die Wunder, denen du begegnen darfst und all die neuen Türen, die sich für dich öffnen werden. Bist du in Verbindung mit dir selbst, sind die Äußerlichkeiten zwar immer noch wunderschön, haben jedoch nicht mehr die große Macht zu bestimmen, wie du dich gerade fühlst.

Das ist hohe Kunst, ich weiß – aber es lohnt sich, dies mal auszuprobieren!

15 Schülerin/Schüler des Lebens

Ich weiß nicht, wie es dir geht, aber ich habe ein riesiges Talent dafür, schnell zu glauben, ich hätte eine Sache komplett verstanden und sei ab dem Moment meines Verständnisses ein Profi darin. Gewinne ich beispielsweise eine Erkenntnis über das Leben, beginne ich schnell zu meinen, ich verstünde nun das komplette Leben und ertappe mich oftmals darin, ein wenig überheblich zu werden. In diesem Modus angekommen geht es relativ schnell und das Leben macht mir deutlich, dass ich in meinem eigenen Irrglauben gefangen bin. Es schüttelt mich sozusagen kurz durch und zeigt mir direkt einmal, dass ich wieder runter von meinem hohen Ross zu steigen habe.

Immer wieder wird mir bewusst, dass wir Menschen unendlich viel auf dieser wunderschönen Erde zu lernen haben und nur ganz wenig vom Leben an sich wissen. Wir haben während unseres Daseins nie ausgelernt. Auffällig erscheint mir, dass uns auf unserem Lebensweg immer wieder die ähnlichen Themen begegnen, solange wir uns nicht mit ihnen befassen und deren Ursprung und Mitteilungen nicht achtsam wahrnehmen. Wird man beispielsweise in allen Liebesbeziehungen immer wieder aufs Neue betrogen, gilt es sich diesem Muster anzunähern und auf den Grund zu gehen, warum dies so ist.

Dies kann in allen Lebensthemen der Fall sein: In der stetigen Begegnung mit machtgierigen Führungspersonen, in unausgewogenen Freundschaften oder in immer wiederkehrenden, tiefen Emotionen. Überall gibt es meiner Meinung nach eine versteckte Nachricht dahinter, die uns zum persönlichen Wachstum animieren möchte. Ab dem Moment, in dem wir uns entscheiden, die wiederkehrenden Muster und Themen ehrlich anzuschauen und ihnen liebevoll auf den Grund zu gehen, besteht die Möglichkeit, sie zu heilen. Mit heilen meine ich nicht, dass sie sich dann einfach plötzlich in Luft auflösen, sondern dass wir die Kraft bekommen, uns mit ihnen achtsam auseinanderzusetzen, sie in unser Wesen zu integrieren, einen Umgang mit ihnen zu finden und sie dann zu neutralisieren. So, dass wir einen für uns förderlichen und stimmigen Weg finden können im zukünftigen Umgang mit unseren Prägungen.

Genau aus diesem Grund erscheint es mir als sehr wichtig, stets Schülerin/Schüler des Lebens zu bleiben. Mit Kinderaugen durch das Leben zu spazieren, offen und neugierig voller Leichtigkeit. Alles, was uns begegnet, aus den Augen eines Kindes zu betrachten und immer wieder aufs Neue lernen zu wollen, mit dem Ziel des persönlichen Wachstums und der Kreation innerer Harmonie.

In jedem Tag liegen unzählige Möglichkeiten zu lernen, zu verstehen und zu wachsen. Wir müssen nur unsere Augen und unser Herz öffnen. In der Bereitschaft, wissbegierig durch das Leben zu gehen, eröffnen sich ganz automatisch neue, spannende und transformierende Türen.

Mir persönlich hilft es extrem, das Leben als eine Art Spiel zu betrachten, mit vielen verschiedenen Spielplätzen, die dazu da sind, Erfahrungen zu machen. Ich mache mir immer wieder bewusst, dass meine Seele eine menschliche Erfahrung machen darf, um bestimmten Themen zu begegnen und sich somit weiterentwickeln zu können. Ich versuche mir jeden Tag aufs Neue bewusst vorzunehmen, offen, neugierig und voller Demut durch den geschenkten Tag zu gehen, sodass ich allem begegnen darf, was für meine persönliche Entwicklung gerade von Wichtigkeit ist.

Die Leichtigkeit und die Freude im ganzen Wachstumsprozess und im Leben im Allgemeinen zu behalten, scheint für mich als sehr zentral. Es ist mir ein riesiges Anliegen, dir dies an diesem Punkt meines Buches mitzuteilen. Ich habe nun sehr viel darüber erzählt, wie man sich persönlich weiterentwickeln kann. Die tiefe Auseinandersetzung mit seinem Selbst und dem Leben im Allgemeinen empfinde ich nach wie vor als eine sehr essenzielle und wunderschöne Aufgabe von jedem von uns und trotzdem ist es meiner Meinung sehr wichtig, sich in dieser ganzen Szene nicht zu verlieren. Wir dürfen uns immer wieder bewusst machen, dass die Musik hier auf der Erde spielt und wir auch einfach genießen und leben dürfen, ohne stets alles analysieren zu müssen.

Damit möchte ich dich von Herzen von dem Druck, sich in jeder einzelnen Minute des Lebens weiterentwickeln und optimieren zu müssen, befreien. Hier hilft es wieder, sich das Bild eines Kindes vor Augen zu führen: Es geht voller Leichtigkeit, Freiheit, Neugierde und Offenheit durch das Leben und lebt jeden Moment voll und ganz im Jetzt. Ein Kind drückt alle Emotionen authentisch aus. Wenn ihm etwas nicht passt, dann meldet es sich oder ändert es.

Von Herzen wünsche ich dir viel Leichtigkeit, Freude, Liebe und Kraft auf deiner ganz persönlichen Lebensreise auf dieser wunderschönen Erde. Lebe jeden Moment ganz bewusst und genieße alles in vollen Zügen, was es zu genießen gibt. Feiere dich und dein Leben so oft als möglich!

Falls dies vergessen gehen würde, stelle dich selbst als Kind vor und entfache diese wundervolle Energie in dir, denn in uns allen steckt für immer ein kleines, lustiges, lebensfrohes, neugieriges und cooles, kleines Kind!

16 Danke Leben, Universum

Abschließend möchte ich dir gerne noch einige Worte aus meinem tiefsten Herzen mitgeben, die dich auf deinem weiteren Lebensweg begleiten sollen. Ich wünsche mir, dass dich ein Wort oder eine Aussage inspirieren darf und dir bewusst macht, wie schön unser Dasein ist.

Ich empfinde es als sehr wichtig, dass wir das Leben wertschätzen und als ein einzigartiges, riesig wertvolles Geschenk betrachten und dementsprechend damit umgehen. Das Leben ist endlich und es geht sehr schnell vorbei. Also los – machen wir doch das Beste daraus. Frage dich täglich, wie du heute die Welt zu einem besseren Ort machen kannst und welchen Beitrag du leisten könntest, um deiner Umgebung zu dienen. Versuche jeden Tag Dankbarkeit – einfach nur für deine Existenz und dein Dasein – zu verspüren.

Gehe respektvoll, wertschätzend und liebevoll mit dir, deinen Mitmenschen, den Tieren und der Natur um. Trainiere deine Dankbarkeit für die kleinsten Dinge, betrachte die Wunder der Natur und bringe tagtäglich viel Liebe für sie auf. Halte inne, nehme die Details deiner Umgebung genau wahr und mache dir täglich bewusst, wie privilegiert du bist, hier auf dieser wunderschönen Erde leben zu dürfen.

Übe dich in Vergebung. Löse dich von altem Schmerz, indem du verzeihst: dir selbst, deinen Mitmenschen und dem Leben. Bringe Verständnis auf für alles, was ist. Akzeptiere, was du nicht ändern kannst, und suche deinen persönlichen Weg, damit bestmöglich umzugehen. Begebe dich in allem, was dich triggert, auf die Suche nach der Botschaft dahinter. Suche dessen Lerninhalt und ziehe dir dienende Schlüsse daraus. Packe deinen Rucksack mit wertvollen Erfahrungen und entwickle dich immer mal wieder ein Stück weiter.

Lasse alles los, was dir gerade nicht dient. Starte jeden Tag ein neues kleines Leben und trete neugierig und voller Vorfreude in jeden neuen Tag. Lebe durch die Augen eines Kindes, gehe auf Entdeckungsreise, praktiziere dich in Offenheit und Lebensfreude. Bringe Leichtigkeit in deinen Alltag, indem du dich und alles um dich herum nie allzu ernst nimmst. Tue das, was dir guttut, und mache möglichst viel davon.

Lerne deine tiefen Bedürfnisse voller Neugierde kennen und lebe sie wahrhaftig. Lerne deine persönlichen Grenzen kennen und setze sie bewusst. Setze dich stets in den Mittelpunkt deines Lebens und stelle dich an erster Stelle. Sorge dich liebevoll um deinen Körper, deinen Geist und deine Seele. Lausche in dich hinein, höre auf deine innere Stimme und folge ihr voller Mut, Gelassenheit und Vertrauen. Sei dir bewusst, dass alles bereits in dir steckt und du unglaublich schöpferisch und stark bist. Aktiviere deine verborgenen Kräfte und tritt in die Erschaffung deines Traumlebens ein.

Vergiss nie: Der Weg ist das Ziel! Solange wir als menschliches Wesen auf der Erde sind, haben wir nie ausgelernt. Finde die Freude an deiner persönlichen Entdeckungsreise und akzeptiere sie mit allen Höhen und Tiefen ohne einem Idealbild hinterher rennen zu müssen.

Sei dir bewusst, dass du bereits perfekt bist – so, wie du bist. Ehre dich und deinen Körper und begegne dir mit viel Sanftheit, Verständnis und Liebe. Höre nie auf zu wachsen und dich zu entwickeln und komme so jeden Tag ein Stückchen näher zu deiner wahren Essenz.

Ich wünsche dir aus tiefstem Herzen viel Mut, Liebe, Leichtigkeit und Vertrauen auf deiner ganz persönlichen Entdeckungsreise zu deinem wahren Selbst. Ich bedanke mich voller Liebe für deine Zeit und Energie, die du für das Lesen dieses Buches aufgewendet hast.

Ich hoffe sehr, dass ich dich mit meinen Zeilen ermutigen konnte aufzubrechen, um dir auf deinem erkenntnisreichen Weg tiefer zu begegnen.

In tiefer Liebe und Verbundenheit,
Svenja Luana

Hier ist Platz für deine eigenen Erkenntnisse

Die Autorin

Svenja Luana Ledergerber – geboren 1995 in der Schweiz und teilweise aufgewachsen in Bangkok, Thailand – ist eine Frau mit viel Interesse und Neugierde am Leben, an der Menschheit und der Natur. Durch eine einschneidende Lebenskrise begab sie sich auf eine große Reise zu sich selbst und dem Sinn des menschlichen Daseins. Ledergerber lebt in der Schweiz, unterrichtet Kinder und begleitet Menschen auf ihrem Lebensweg.

Der Verlag

novum VERLAG FÜR NEUAUTOREN

> *Wer aufhört*
> *besser zu werden,*
> *hat aufgehört*
> *gut zu sein!*

Basierend auf diesem Motto ist es dem novum Verlag ein Anliegen, neue Manuskripte aufzuspüren, zu veröffentlichen und deren Autoren langfristig zu fördern. Mittlerweile gilt der 1997 gegründete und mehrfach prämierte Verlag als Spezialist für Neuautoren in Deutschland, Österreich und der Schweiz.

Für jedes neue Manuskript wird innerhalb weniger Wochen eine kostenfreie, unverbindliche Lektorats-Prüfung erstellt.

Weitere Informationen zum Verlag und seinen Büchern finden Sie im Internet unter:

www.novumverlag.com